दस हजार बुद्धों के लिए एक सौ गाथाएं

(ओशो के संग एक अनूठी यात्रा)

मा धर्म ज्योति

कापीराइट : मा धर्म ज्योति
अनुवाद : शशि मा
कवर पेज फोटो : ओशो इंटरनेशनल फाउंडेशन
शीर्षक डिजाइन : इमरोज

प्रकाशक : डायमंड पॉकेट बुक्स (प्रा.) लि.
X-30 ओखला इंडस्ट्रियल एरिया, फेज-II
नई दिल्ली-110020
फोन : 011-40712200
ई-मेल : wecare@diamondbooks.in
वेबसाइट : www.diamondbooks.in
संस्करण : 2025
मुद्रक : रेप्रो (इंडिया)

मेरे प्यारे सदगुरु

ओशो

को समर्पित

जिन्हें मैंने

प्रेम, करुणा, प्रज्ञा, सत्य

और

परम स्वतंत्रता

के साकार रूप

की तरह जाना

'...परिस्थिति को स्वीकार कर लो, तो फिर कोई समस्या नहीं होती।'

'...तू सौभाग्यशाली है कि तेरा कोई गुरु है जो तेरा मार्गदर्शन कर सकता है।'

'...आंखें बंद करके जब धीरे-धीरे चाय पीने लगती हूं तो मुझे बोध होता है कि मेरे गर्भ में शून्य जन्मा है, जिसका मुझे पूरा ख्याल रखना है।'

ओशो मुझे शून्य की तरह चारों ओर से घेरे हुए है।

- इसी पुस्तक से

ओशो का पेन्सिल से बना चित्र जिस पर स्वयं उनके हस्ताक्षर हैं।
2.6.1969

आज के लमहे अक्सर कल की कहानियां बन जाते हैं। पर कुछ लमहे होते हैं जो न कभी गुजर चुकते हैं और न ही जिन पर 'कल' की परछाई पड़ती है। ऐसे लमहे शब्दों और कहानियों की गिरफ्त में भी नहीं आते। वह हमेशा 'आज' में ही जीते हैं, सांस लेते हुए धड़कते हुए।

मा धर्म ज्योति ने एक लंबे अरसे तक ओशो की शारीरिक मौजूदगी को जीया है, और अपने इस सफर में वह पल-पल उन लमहों को सहेजती रहीं जो ओशो के छुए से जिंदा होते रहे। ये लमहे बाहर तो इंद्रधनुषी आंसू बरसाते रहे और खुद भीतर जाकर सीप के मोती बनते रहे। यह शरीर के पार जाने वाले प्रेम का ही तिलिस्म है कि एक दिन अचानक इन मोतियों में भी अंकुर फूट आए और गाथाओं का एक वृक्ष बन गए- सौ गाथाएं; दस हजार बुद्धों के लिए।

आइए कुछ देर इन गाथाओं की हवा में जी लें। कुछ देर इनकी खुशबू को अपने दिल में महसूस कर लें। आखिर, ये मोती हम सब ही की तो प्यास है।

- स्वामी संजय भारती

प्रस्तावना

शनिवार, 26 सितम्बर 1992 का दिन था। उस रोज मेरे संन्यास की बाईसवीं वर्षगांठ थी। शाम को प्रवचन के बाद मैं बुद्धा हाल में संन्यास-उत्सव के लिये गयी। वहां ऊर्जा अत्यधिक सघन थी, पूरे समय मैं नृत्यमग्न रही। अचानक मुझे अपने आज्ञाचक्र पर कुछ संवेदना-सी होने लगी, यह लगभग वैसा ही अनुभव था जैसा कि पूना के पुराने दिनों में ओशो के साथ ऊर्जा-दर्शन के समय मुझे अनुभव हुआ करता था। उस रात यह अनुभव मुझे पूरी तरह डुबो ले गया।

अब तक मुझे ऐसा लगा करता था कि शायद शुरू के दिनों में ओशो की निकटता में बिताए गये उन क्षणों की सभी स्मृतियां मैं भूल चुकी हूं, लेकिन यह रात मेरे लिए स्मरणीय रहेगी। अचानक जैसे कोई द्वार खुल गया और पुरानी स्मृतियां बाहर आने लगीं। ऐसा लगा जैसे किसी फिल्म की रील खुलती जा रही हो। अपने हृदय के मौन में अतीत की अनेकों घटनाओं को मैं साफ-साफ देख पा रही थी। यह सिलसिला दूसरे दिन भी अनवरत जारी रहा। तीसरे दिन बड़ी तीव्रता से मुझे ऐसा भाव हुआ कि जो कुछ भी घट रहा है, उसे मैं लिख डालूं, सो मैंने लिखना शुरू कर दिया।

यह मेरे लिए बहुत अद्‌भुत अनुभव है। लिखते समय मुझे ऐसा महसूस हो रहा है जैसे कि पूरे अनुभव से मैं दोबारा ही गुजर रही हूं और मैं हैरान हूं कि यह सब मैं वर्तमान काल की तरह लिख रही हूं। लेकिन मैं भला क्या कर सकती हूं? इसी भांति यह सब उतर रहा है।

- मा धर्म ज्योति

1

मैं छब्बीस वर्ष की हूं। 21 जनवरी 1968, रविवार का दिन है और आज शाम 4 बजे ओशो बंबई के षण्मुखानंद हॉल में बोलने वाले हैं। मेरी एक मित्र, जो सत्य की मेरी खोज से परिचित है, मुझे उन्हें सुनने के लिए जाने को कहती है। मैं इतने तथाकथित संतों और महात्माओं को सुन चुकी हूं कि भारत में चल रहे इन धार्मिक आडंबरों से मेरा विश्वास उठ चुका है, लेकिन फिर भी, ओशो, जो आचार्य रजनीश के नाम से जाने जाते हैं, मुझे आकर्षित करते हैं। मैं उनके प्रवचन में जाने का फैसला कर लेती हूं।

शाम चार बजे मैं षण्मुखानंद हॉल की दूसरी मंजिल वाली बालकनी में पहुंचती हूं जो कि पूरी तरह भरी हुई है। बहुत से लोग दीवारों के साथ-साथ किनारों पर भी खड़े हुए हैं। हवा में एक उमंग है, एक उत्साह है। बहुत शोर हो रहा है। यह हॉल बंबई के सबसे बड़े सभागारों में से है जहां पांच हजार लोग बैठ सकते हैं। मैं एक सीट खोजकर आराम से बैठ जाती हूं।

कुछ ही मिनटों में सफेद लुंगी और शॉल ओढ़े, एक दाढ़ी वाले व्यक्ति मंच पर नजर आते हैं जो दोनों हाथ जोड़े सबको नमस्कार करते हुए धीमे से पद्मासन में बैठ जाते हैं। मैं मंच से बहुत दूर बैठी हूं और बामुश्किल उनका चेहरा ही देख पा रही हूं, लेकिन मेरा हृदय इस अनजान व्यक्ति को सुनने की आकांक्षा से आतुर है।

कुछ ही क्षणों में मुझे उनकी मधुर, लेकिन सशक्त वाणी सुनाई पड़ती है। वे श्रोआतों को संबोधित कर रहे हैं- 'मेरे प्रिय आत्मन...।' अचानक सभागार में एक गहन सन्नाटा छा जाता है। मुझे महसूस होता है कि उनकी आवाज मुझे एक गहरे विश्राम में लिए जा रही है और मैं बिल्कुल शांत होकर उन्हें सुन रही हूं। मेरा मन पूरी तरह रुक गया है, मात्र उनकी वाणी ही मेरे भीतर गूंज रही है। मैं पूर्ण रूपेण 'अहा' के भाव में हूं, विस्मय की स्थिति में हूं, वे मेरे उन सभी प्रश्नों का जवाब दे रहे हैं जो वर्षों से मुझे सताते रहे हैं।

प्रवचन समाप्त हो गया, मेरा हृदय आनंद से नाच रहा है, और मैं अपनी मित्र से कहती हूं, 'यही वह गुरु हैं जिन्हें मैं खोज रही हूं। मैंने उन्हें पा लिया है।' बाहर आकर मैं उनकी कुछ पुस्तकें और ज्योतिशिखा नाम की पत्रिका खरीदती हूं। मैं जैसे ही ज्योतिशिखा को खोलती हूं तो सामने पृष्ठ पर लिखा दिखाई पड़ता है 'आचार्य रजनीश का छत्तीसवां जन्मोत्सव' मैं विश्वास नहीं कर पाती। मुझे लगता है प्रिंटिंग में किसी गलती के कारण 63 का 36 हो गया है। काउंटर पर खड़ी युवती से जब मैं पूछती हूं तो वह हंस पड़ती है और कहती है 36 सही

है। मुझे अभी तक भरोसा नहीं होता कि मैंने ऐसे व्यक्ति का प्रवचन सुना है जो अभी सिर्फ छत्तीस ही वर्ष का है। उनकी वाणी से ऐसा महसूस हुआ जैसे उपनिषदकाल का कोई प्राचीन ऋषि बोल रहा है।

2

मैं उनकी पुस्तकें पढ़ना शुरू कर देती हूं और अपने आपको उधार ज्ञान से पूरी तरह मुक्त होता हुआ अनुभव करती हूं। उनके शब्द मुझे नितांत खालीपन में अकेला छोड़ जाते हैं। मेरा हृदय उनसे मिलने की उत्कंठा से भर उठता है। मैं बंबई के जीवन जागृति केंद्र का पता व फोन नंबर मालूम करती हूं और ओशो के विषय में पूछने के लिए वहां फोन करती हूं। मुझे नारगोल में होने वाले ध्यान शिविर के बारे में बताया जाता है, जहां मैं उन्हें मिल पाऊंगी। मैं बहुत आनंदित हो जाती हूं और अधीर होकर इस ध्यान शिविर की प्रतीक्षा करने लगती हूं।

आखिरकार, नारगोल में उनके करीब से दर्शन पाने का वह पहला दिन भी आ पहुंचा जब मैं उनके चरणों के पास बैठ पाऊंगी। शिविर में कोई पांच सौ लोग हैं, ऊंचे-ऊंचे पेड़ों से घिरा यह बहुत ही सुंदर सागर तट है। मैं वहां बनाए गए मंच के करीब अपना एक वृक्ष खोजकर उसके नीचे आराम से बैठ जाती हूं। मेरी आंखें उस रास्ते पर टकटकी बांधे है, जहां से उनको आना है, और कुछ ही क्षणों में मैं देखती हूं कि श्वेत लुंगी और शॉल में लिपटे हुए अपने पूरे सौंदर्य और गरिमा के साथ वे चले आ रहे हैं। मैं वस्तुतः उनके चारों ओर शुभ्र प्रकाश का एक आभामंडल-सा देख पा रही हूं। उनकी मौजूदगी में एक जादू है जो कि इस संसार का नहीं है। वे सबको हाथ जोड़कर नमस्कार करते हैं और एक चौकोर मेज पर सफेद चादर डालकर बनाए गए मंच पर बैठ जाते हैं।

वे बोलना प्रारम्भ करते हैं, लेकिन उनके शब्द मेरे सिर के ऊपर से गुजर रहे हैं। उनकी आवाज और दूर से आती हुई सागर की लहरों की गर्जन के अतिरिक्त चारों ओर गहन शान्ति छायी हुई है। मुझे नहीं पता कि वे कितनी देर बोले परन्तु जब मैं अपनी आंखें खोलती हूं तो पाती हूं कि वे पहले ही जा चुके हैं। मुझे मृत्यु की-सी अनुभूति,हो रही है। उन्होंने मेरे हृदय को ऐसे छू लिया है जैसे चुंबक लोहे को खींच लेता है, और मैं पूरी रात सो नहीं पाती। सागर तट पर शून्य आंखें लिए मैं यूं ही घूमती रहती हूं। आकाश तारों से भरा हुआ है। ऐसी शांति व ऐसा सौंदर्य मैंने पहले कभी नहीं जाना है। मेरा हृदय पुकारना चाहता है, 'वे कहां हैं? मैं उनसे मिलना चाहती हूं।'

3

सुबह आठ बजे उनके प्रवचन के लिए हम सब फिर से उसी स्थान पर इकट्ठे होते हैं। आज वे प्रश्नों का उत्तर देंगे तथा लोग कागज पर अपने प्रश्न लिख-लिखकर उनके सचिव को पकड़ा रहे हैं। मैं भी साहस बटोरकर अपना अनुभव लिखकर उनसे पूछती हूं कि यह मुझे क्या हो रहा है? अपना प्रश्न दे कर मैं थोड़ी दूर पर सबके बीच में स्वयं को छिपाती हुई बैठ जाती हूं।

वही दिव्य सौंदर्य और गरिमा लिए, सबको नमस्कार करते हुए वे पुन: यहां चले आ रहे हैं। पद्मासन में बैठकर वे प्रश्न पढ़ना शुरू कर देते हैं। जब अपना गुलाबी कागज मैं उनके हाथ में देखती हूं तो मेरा हृदय तेजी से धड़कने लगता है। पता नहीं क्यों, मुझे शर्म आने लगती है कि मेरा प्रश्न पढ़ने के बाद वे मेरे बारे में क्या सोचेंगे? मुझे आश्चर्य होता है कि मेरा प्रश्न पढ़ने के बाद जो कि वास्तव में कोई प्रश्न नहीं बल्कि पहली दफा उनको सुनने के बाद जो अनुभव मुझे हुआ उसका यथावत बयान भर है..., जैसे मैं किसी चुंबक से खिंची जा रही हूं, मर रही हूं। वे अपनी बायीं तरफ बैठे श्रोताओं की ओर देखने लगते हैं और जब उनकी नजरें मुझ तक पहुंचती है तो वहीं ठहर जाती है। मैं अपना सिर झुका लेती हूं, ऐसा लगता है जैसे मैं जम गई हूं, तथा मैं जान जाती हूं कि उन्हें पता चल गया है कि यह प्रश्न मेरा ही है। वे यह प्रश्न सिर्फ पढ़ते भर हैं और फिर दूसरे प्रश्नों के जवाब देने लगते हैं।

प्रवचन समाप्त होने के बाद लोग उनके समीप जाकर उनके पांव छू रहे हैं और वे सबके सिर पर हाथ रख रहे हैं। दूर से ही मैं यह सब देख रही हूं, उनके नजदीक जाने का साहस नहीं हो रहा है। अंततः जब वे जाने के लिए उठ खड़े होते हैं तो मैं उनकी ओर दौड़ती हूं, और जैसे ही उनके पास पहुंचती हूं, वे मुस्कुराकर पूछते हैं, 'तो वह तुमने लिखा था?' मैं सहमति में अपना सिर झुका देती हूं और उनके चरण छूने के लिए झुक जाती हूं। वे अपना हाथ मेरे सिर पर रख देते हैं और जब मैं उठती हूं तो वे कहते हैं, 'दोपहर को आकर मुझसे मिलना।'

4

दोपहर दो बजे मैं उस बंगले पर पहुंचती हूं जहां वे ठहरे हुए हैं। वहां बहुत से लोग पहले से ही उनसे मिलने के लिए आए हुए हैं और उनका इंतजार कर रहे हैं। उनके सचिव आते हैं और लोग एक-एक करके उनसे मिलने के लिए उनके कमरे में जाने लगते हैं। सभी लोग दो या तीन मिनट में उनसे मिलकर बाहर आ रहे हैं। अब मेरे आगे खड़ी हुई स्त्री जा रही है, उसके बाद मेरी ही बारी है। सिर्फ यह देखने के लिए कि वह ओशो से कैसे मिलती है, मैं खिड़की से भीतर झांकती हूं। ओशो सोफे पर बैठे हैं, फर्श पर कालीन बिछा है। वह स्त्री झुककर ओशो के चरण स्पर्श करती है और कालीन पर बैठ जाती है। मैं स्वयं से कहती हूं, 'यही उनसे मिलने का उचित ढंग लगता है।' मेरा हृदय उत्तेजना मे धड़क रहा है और साथ ही किसी अज्ञात भय से कांप भी रहा है। कुछ ही मिनटों में वह स्त्री बाहर आती है और मैं कमरे में प्रवेश करती हूं।

ओशो बड़ी मोहक मुस्कान से मेरा स्वागत करते हैं। मैं बस सब कुछ भूलकर उनकी ओर खिंची चली जाती हूं और उनके गले लग जाती हूं, और वे मेरे आलिंगन को इतने प्रेम से स्वीकार करते हैं जैसे केवल मैंने ही उन्हें नहीं खोजा है, उन्हें भी कोई खोया हुआ बालक मिल गया है। वे बड़े प्रसन्न नजर आते हैं और मुझे सोफे पर ही अपनी बाईं ओर बिठा लेते हैं। अपने बाएं हाथ से वे मेरी पीठ को सहला रहे हैं और अपना दायां हाथ वे मेरे हाथों में दे देते हैं। मैं उनकी आंखों में झांकती हूं, वे प्रेम और प्रकाश से परिपूर्ण हैं, और मुझे ऐसा महसूस हो रहा है कि इस व्यक्ति को मैं अनंतकाल से जानती हूं। अपने जादुई स्पर्श से जैसे वे कुछ चमत्कार-सा कर रहे हैं तथा पिछली रात उनका प्रवचन सुनने के बाद से मृत्यु का जो अनुभव मुझे हुआ था उससे निकलकर अब मैं अपनी सामान्य अवस्था में लौट आती हूं।

वे मुझसे पूछते हैं कि मैं क्या करती हूं, लेकिन मैं कुछ भी बोलने में असमर्थ हूं। वे कहते हैं, 'चिंता मत करो, सब कुछ ठीक हो जाएगा। कुछ क्षणों में जब मैं बोल पाने में समर्थ हो जाती हूं तो मैं उन्हें बताती हूं कि मैं बंबई की एक ट्रांसपोर्ट कंपनी में काम करती हूं।'

वे पूछते हैं, 'क्या तुम मेरा काम करोगी?'

यह तो मुझे पता नहीं था कि उनका काम क्या है, लेकिन मैं सहमति से सिर हिला देती हूं।

वे अपने सचिव को भीतर बुलाकर उससे मेरा परिचय करवाते हैं और मुझ से कहते हैं,

'इससे संपर्क बनाए रखना।'

थोड़ी देर बाद मैं बाहर जाने के लिए उठ खड़ी होती हूं, और दो या तीन कदम चलने के बाद ही पीछे मुड़कर उनकी ओर देखती हूं। वे मुस्कुरा देते हैं, और मैं वापस लौटकर उनके चरणों में बैठ जाती हूं।

वे कहते हैं, 'अपनी आंखें बंद करो', और अपना दायां पांव मेरे हृदय केन्द्र पर रख देते हैं। उनके पांव से कोई ऊर्जा निकलकर मेरे शरीर में प्रवेश करती हुई महसूस होती है और मेरा मन बिल्कुल शून्य हो जाता है, मैं केवल अपनी सांस की आवाज सुन पाती हूं। ऐसा लगता है जैसे समय रुक गया हो। शायद कुछ ही मिनट हुए होंगे कि मुझे उनकी आवाज सुनाई देती है, 'वापस आ जाओ... धीरे-धीरे अपनी आंखें खोल लो।' आहिस्ता से वे अपना पांव हटा लेते हैं, और जब मैं अपनी आंखें खोलती हूं तो देखती हूं कि वे अपनी आंखें बंद किए बैठे हैं। धीमे से उठकर मैं कमरे से बाहर निकल आती हूं। मेरा हृदय आनन्दातिरेक से नाच रहा है। ऐसा लग रहा है जैसे मैंने कोई खोया खजाना पा लिया है।

5

इस ध्यान शिविर के बाद जब मैं वापस बंबई लौटती हूं तो खुद को लोगों की भीड़ में खोया हुआ पाती हूं। उनसे फ़िर से मिलने की गहन अभीप्सा ने मेरी रातों की नींद चुरा ली है। करीब-करीब हर रात मैं उन्हें स्वप्न में देखती हूं, कि वे मुझसे बातें कर रहे हैं। तब हर रोज मैं उन्हें एक पत्र लिखना आरम्भ कर देती हूं और चाहती हूं कि शीघ्र ही उनका जवाब आए। मैं यह पूरी तरह भूल ही चुकी हूं कि पत्र को उन तक पहुंचने में कम से कम तीन दिन लगेंगे और यदि वे मेरा पत्र पाकर तुरन्त उसी दिन भी वे जवाब दे देते हैं तो उनका पत्र मुझ तक पहुंचने में फिर तीन दिन का समय और लगेगा। कई बार मुझे उन पर गुस्सा भी आने लगता है कि मुझे वे इस तरह दीवानी बना रहे हैं- मैं नहीं जानती कि कैसे खुद को संभाले हुए हूं और ऑफिस में जाकर अपना काम भी करती हूं।

कुछ हफ्ते बीत चुके हैं। आज शाम पांच बजे ऑफिस से निकलकर मैं नीचे जाने के लिए सीढ़ियां उतर रही हूं कि मेरे ऑफिस का चपरासी एक चिट्‌ठी हाथ में लिए मेरे पीछे दौड़ता हुआ आता है। यह कुछ अजीब-सी घटना है, क्योंकि हमारे ऑफिस में किसी के व्यक्तिगत पत्रों की कोई परवाह नहीं करता। मैं उससे पत्र ले लेती हूं। यह 'मेरे प्रियतम' की ओर से आया है। मैं इसे चूमकर कांपते हाथों से खोलती हूं।

उसमें लिखा है :

'प्यारी पुष्पा (संन्यास से पहले का मेरा नाम)

प्रेम! तेरा पत्र पाकर मैं आनंदित हूं। परमात्मा के लिए ऐसी अभीप्सा शुभ है क्योंकि अभीप्सा की सघनता ही उस तक पहुंचने का मार्ग बन जाती है।

17 की रात को मैं बंबई में होऊंगा। नौ बजे रात आकर मिल या जब दोबारा 21 को मैं बंबई वापस आऊंगा, तब शाम 3 बजे आकर मिल सकती है।'

मैं कहां ठहरूंगा वह तू इन फोन नंबरों पर पता लगा सकती है।'

पत्र पढ़कर मैं खुशी से फूली नहीं समाती। आज सत्रह तारीख ही है और मैं आज रात ही उनसे मिलने जाने की ठान लेती हूं। फोन करने के लिए मैं दौड़कर वापस ऑफिस में जाती हूं। पत्र पढ़ते हुए मैं सोच रही थी कि उन्होंने भला चार फोन नंबर क्यों लिखे हैं, लेकिन वे जागृत पुरुष हैं और बेहतर जानते हैं। तीन नंबर लगते ही नहीं, चौथा लगता है, और जो स्त्री फोन उठाती है वह बताती है कि हां, उनका आगमन हो चुका है और जहां वे मिलेंगे, वहां का पता मुझे दे देती है। 5 बजकर 10 मिनट हो चुके हैं। अब सिर्फ चार घंटे की बात है और मैं दोबारा उनसे मिल पाऊंगी। समय बहुत धीमी गति से सरक रहा है। हर पांच या दस मिनट बाद मैं अपनी घड़ी की ओर देख रही हूं और इतने आहिस्ता-आहिस्ता चलने के लिए उसे कोसने लगती हूं। इंतजार की ये घड़ियां अनंतकाल जैसी लग रही हैं।

6

शाम के 8 बजकर 55 मिनट हो चुके हैं। मैं उस बिल्डिंग के प्रवेशद्वार से भीतर जा रही हूं। उसी वक्त वहां से बाहर आती हुई एक कार मेरे पास आकर रुक जाती है। मैं अपने विचारों में इतनी लीन हूं कि उसकी ओर कोई ध्यान ही नहीं देती। अचानक कार में से मुझे ओशो की आवाज सुनाई पड़ती है। वे मुझे बुला रहे हैं। वे पिछली सीट पर खिड़की के समीप बैठे हुए हैं।

मैं दौड़कर उनकी ओर जाती हूं।

वे कहते हैं, 'मैं आधे घंटे में आऊंगा, तू तब तक रुकना' और मुझसे पूछते हैं कि जहां वे ठहरे हैं उस अपार्टमेंट का पता मुझे है या नहीं। मैं कह देती हूं, 'हां, मुझे पता है।' कार चल पड़ती है और कुछ देर मैं वहीं खड़ी उसकी ओर देखती रहती हूं जब तक कि वह मेरी आंखों से ओझल नहीं हो जाती। मैं एक गहरी सांस लेती हूं और बिल्डिंग में प्रवेश करती हूं, उसमें

कई खंड हैं और मुझे यह नहीं मालूम कि मुझे किस खंड में जाना है। अब मुझे साफ समझ में आता है कि वे यह क्यों पूछ रहे थे कि मुझे उस अपार्टमेंट का पता है या नहीं। यहां से वहां पागलों की तरह भटकते हुए मुझे अपने ही ऊपर गुस्सा आने लगता है कि अपनी बेहोशी के कारण मैंने अपने सद्‌गुरु से सच क्यों नहीं बोला। ठीक जगह पहुंचने में मुझे बीस मिनट लग जाते हैं।

मेरे कॉल बटन दबाने पर वही स्त्री दरवाजा खोलती है, जिससे फोन पर मेरी बात हुई थी। मुझे पहचानने के बाद वह खेद व्यक्त करती है कि फोन पर उसने मुझे पूरा पता नहीं बताया था। वह मुझसे गले मिलती है और मेरा हाथ पकड़कर मुझे बड़े से लिविंग रूम में ले जाती है जहां आठ-दस लोग पहले से ही सोफों पर बैठे बातचीत कर रहे हैं। वातावरण काफी हल्का- फुल्का है, मुझे छोड़कर और कोई भी गंभीर नजर नहीं आ रहा है। इस समूह में मैं स्वयं को अजनबी सा महसूस करती हूं और एक कोने में चुपचाप बैठकर अपने सद्‌गुरु का इंतजार करने लगती हूं।

ठीक दस मिनट बाद ओशो वहां आते हैं और हम सब खड़े हो जाते हैं। ओशो मुस्कुरा कर सबको नमस्ते करते हुए दूसरे कमरे में चले जाते हैं। अविलम्ब मुझे उनके कमरे में बुला लिया जाता है। मैं जब कमरे में प्रवेश करने लगती हूं तो फिर वही अज्ञात भय मुझे घेर लेता है। मुझे डर लगता है, जैसे कोई नन्हा-सा पतंगा आग के पास जा रहा हो जो उसे जला डालेगी, लेकिन आग का यह चुम्बकीय आकर्षण इस भय से कहीं ज्यादा बड़ा है।

मैं देखती हूं कि वे पलंग पर बैठे कोई जूस पी रहे हैं, और मैं उनके सामने थोड़ी दूरी पर बैठ जाती हूं। अपना जूस खत्म करने के बाद वे गिलास को पलंग के पास रखी छोटी-सी मेज पर रखते हैं, नेपकिन से अपना मुंह पोछते हैं और मुस्कुराकर मुझे अपने करीब आने को कहते हैं।

अपना दायां हाथ वे मेरी छाती पर और बायां हाथ मेरे सिर पर रख देते हैं। मेरे मन की बकबक रुक जाती है और मैं ऐसी अवस्था में पहुंच जाती हूं जो मेरे लिए बिल्कुल अनजान है। मेरी आंखों से आंसू ढुलक पड़ते हैं और मेरा शरीर उनकी तरफ झुकने लगा है। उनकी गोद में सिर रखकर मैं छोटे बच्चे की तरह रोने लगती हूं।

कुछ ही क्षणों में वे अपने हाथ हटा लेते हैं और मुझसे कहते हैं, 'धीरे-धीरे वापस आ जाओ।' मैं शांत हो जाती हूं, अपना सिर ऊपर उठाकर उनकी आंखों में झांकती हूं। वे अनंत आकाश में छोट-छोटे तारों जैसी चमक रही हैं। मैं उस अज्ञात भय और विरह की पीड़ा से मुक्ति अनुभव करती हूं।

वे धीरे से हंसते हैं और कहते हैं कि मैं रोज सुबह एक घंटे के लिए विपश्यना ध्यान किया

करूं और जब भी वे बंबई में हों तब मैं उनसे मिल सकती हूं। मैं उनके चरण स्पर्श करती हूं और इस भाव के साथ कमरे से बाहर आती हूं कि आज उन्होंने मुझे अपने शिष्य के रूप में दीक्षित किया है।

7

ओशो यूनिवर्सिटी से अपने प्राध्यापक पद का त्याग कर चुके हैं। वे भारत-भर में ध्यान शिविर लेते हुए और जनसभाओं में, खुले मैदानों में, पंद्रह-पंद्रह, बीस-बीस हजार लोगों को संबोधित करते हुए घूम रहे हैं। वे प्रचंड आग्नेय हैं। वे निर्भीकता से अपनी सिंहगर्जन करते हुए भारत की पारंपरिक जड़ताओं को समूल नष्ट कर रहे हैं। बंबई उनके कार्य का मुख्य केन्द्र बन गया है, जबकि वे जबलपुर में ही रह रहे हैं। कई बार जब वे कहीं अन्य स्थान पर भी जा रहे होते हैं तो जबलपुर से बंबई तक ट्रेन से आते हैं और आगे जाने वाली फ्लाइट मिलने तक बंबई में किसी मित्र के घर पर ठहरते हैं। जबलपुर लौटते समय भी वे इसी रास्ते से ही वापस जाते हैं। बंबई के मित्रों का सौभाग्य है कि इतनी जल्दी-जल्दी उन्हें उनका सत्संग मिलता रहता है।

जब मैं ओशो से मिली, उससे पहले वे अक्सर अकेले ही यात्रा किया करते थे। उनसे मिलने के बाद, उनके साथ होने का कोई भी अवसर मैंने छोड़ना नहीं चाहा, और उन्होंने ये अवसर मुझे लेने दिए। उनके संग-साथ में रहना और उनके शरीर की आवश्यकताओं की देख-भाल करना कितना सौभाग्यपूर्ण है। भिन्न-भिन्न परिस्थितियों को वे कैसे जीते हैं, उसे देखकर अस्तित्व के प्रति उनके प्रेम और करुणा का साफ पता चलता है।

जब वे कुर्सी पर बैठते हैं तो ऐसे जैसे कुर्सी में जान हो और वे उसे रंचमात्र भी चोट नहीं पहुंचाना चाहते, और जब वे उठते हैं तो कुर्सी की ओर ऐसे देखते हैं जैसे उन्हें आराम पहुंचाने के लिए उसके प्रति अहोभाव व्यक्त कर रहे हों। चलते हैं, तो ऐसी गरिमामय गति के साथ कि उनकी पदचाप से पांवों तले की जमीन को कुछ हो न जाए। वे इतने अहोभाव से भरकर भोजन ग्रहण करते हैं कि जब वे भोजन की ओर देखते हैं तो उनका अहोभाव उनकी आंखों में स्पष्ट प्रतिबिम्बित होता है। पौधों, पशुओं और मनुष्यों का तो फिर भला क्या कहा जाए? वे कभी भी पौधों को काटने-छांटने के पक्षपाती नहीं हैं, हां, यदि उनकी बढ़ोतरी के लिए आवश्यक हो तो ठीक है। अपने बगीचे में उन्हें मित्रों से बातचीत करना बंद करना पड़ता है क्योंकि लोग वहां बैठे-बैठे घास उखाड़ने लगते हैं। ओशो फूल तोड़ने के भी खिलाफ हैं।

एक बार मैं उन्हें कहते हुए सुनती हूं, 'तुम अपने बच्चों से प्रेम करते हो, तो तुम उनके सिर नहीं काट लेते। यदि तुम सच में ही फूलों से प्रेम करते हो तो तुम उन्हें कभी नहीं तोड़ोगे। उन्हें तोड़ कर तुम उनकी हत्या कर देते हो। यह फूलों के प्रति एक प्रकार की हिंसा है। दूर से सौंदर्य का आनंद लो, लेकिन उस पर कब्जा मत करो।'

एक अन्य अवसर पर वे खिड़की से बाहर खेतों की ओर देख रहे हैं, शाम का समय है। दूर एक आदमी एक गाय को डंडे से पीट रहा है और चिल्ला रहा है। ओशो कहते हैं, 'उस मूर्ख आदमी की तरफ देखो! गाय तो अपने आप ही जा रही है, यह आदमी बेवजह उसे सता रहा है।' मैं गाय के प्रति उनकी करुणा को महसूस करती हूं। मुझे लगता है जैसे वे जल से भरे हुए बादल हैं और जो भी उनके संपर्क में आता है उसी पर वे अपना प्रेम बरसा देते हैं।

एक प्रवचन में मैं उन्हें कहते हुए सुनती हूं, 'मैं एक माली हूं, चारों ओर बीज बिखेरता चला जाता हूं, यह भी न देखते हुए कि वे कहां गिर रहे हैं। मेरे पास अतिरेक में है। जब ठीक ऋतु आएगी तो उनमें से कुछ बीज फूट पड़ेंगे और फूलों से लदे, सुगंध बिखेरते विशाल वृक्ष बन जाएंगे, उनके नीचे से जो भी गुजरेगा उसे वे अपनी खुशबू व छाया देंगे।'

8

ओशो ट्रेन द्वारा बंबई से जबलपुर के लिए रवाना हो रहे हैं। प्लेटफार्म पर बहुत भीड़ और शोर है और हम कोई पचास लोग हैं जो उन्हें विदा देने आए हुए हैं। कुछ उनसे हाथ मिला रहे हैं, कुछ उनके पांव छू रहे हैं, और हर बार वे उन लोगों के सिर पर हाथ रखने के लिए झुक रहे हैं। कुछ मित्र चुपचाप खड़े, आंसू भरी आंखों से उन्हें देख रहे हैं और ओशो उनके पास आकर उन्हें गले से लगाते हैं और उदास न होने को कहते हैं, क्योंकि वे जल्दी ही वापस आएंगे। उनके स्पर्श से उन लोगों के आंसू सब बांध तोड़ कर बह निकलते हैं, लेकिन चेहरों पर मुस्कराहटें छा जाती हैं। ओशो के इर्द-गिर्द आंसू और मुस्कान एक साथ घटते हैं और यह हर रोज का ही किस्सा है।

अचानक गार्ड की सीटी सुनकर, हम सब लोग चौंक जाते हैं और यह संकेत हो जाता है कि गाड़ी छूटने वाली है। ओशो गाड़ी में चढ़कर दोनों हाथ जोड़े हुए दरवाजे पर खड़े हो जाते हैं। वे मुझे अपने पास बुलाते हैं। मैं गाड़ी की सीढ़ी पर चढ़ जाती हूं और वे दूर कोने में खड़ी हुई एक महिला की ओर इशारा करके मुझसे कहते हैं कि मैं जाकर उसे ले आऊं।

मैं हिचकिचाते हुए कहती हूं, 'ओशो गाड़ी छूटने वाली है।'

वे बिलकुल संकल्पयुक्त दृढ़ता से कहते हैं, 'नहीं, गाड़ी नहीं छूटेगी। तू जाकर उसे ले आ।'

मैं सैकड़ों लोगों के बीच से जगह बनाती हुई उस तरफ दौड़ती हूं और वहां पहुंचकर विस्मित होती हूं कि वह महिला और कोई नहीं मा ताओ है। वह अपनी मां से बिछुड़े छोटे बच्चे की तरह रो रही है। मैं उसका हाथ कसकर पकड़कर उसे ट्रेन की ओर ले आती हूं। ओशो तक वापस पहुंचने में मुझे कम से कम पांच मिनट का समय लगा होगा और वे उससे मिलने के लिए वहां अपने एयरकंडीशंड कंपार्टमेंट के दरवाज़े पर खड़े हुए हैं।

वे अपना हाथ उसके सिर पर रखकर उसे आश्वासन देते हैं कि वे जल्दी ही वापस आएंगे, वह रोए न। और फिर वही 'आंसू और मुस्कान' ताओ के चेहरे पर है, उसकी छोटी-छोटी आंखें सितारों की तरह चमक रही है। मैं देख रही हूं कि कैसे अपने हाथ के स्पर्श मात्र से ही वे अपना प्रेम उड़ेल रहे हैं, और जैसे हम भक्तगण उनके लबालब भरे कुएं से शाश्वत जीवन का जल पीने लगे हों।

वे एक बार फिर सबकी ओर देखते हैं और विदाई में अपने हाथ हिलाते हैं, मानों कि वे गाड़ी के ड्राइवर को कह रहे हों, 'अब तुम गाड़ी चला सकते हो।' और गाड़ी धीरे-धीरे सरकना शुरू कर देती है। और वे दरवाजे पर खड़े हुए तब तक हम सबको देखते रहते हैं, जब तक कि गाड़ी आंखों से ओझल नहीं हो जाती। हम लोग एक-दूसरे से गले मिलते हैं और चुपचाप भारी हृदय से उनसे जल्दी ही पुनर्मिलन की आशा संजोए प्लेटफार्म से चल पड़ते हैं।

मुझे एक झेन हाइकू याद आती है :

'तुम, मेरे सामने खड़े,
ओ मेरे शाश्वत प्राण!
प्रथम दर्शन से ही,
तुम मेरे गुप्त प्रेम हो।'

9

मैं वी.टी. स्टेशन के प्लेटफार्म पर खड़ी ओशो का इंतजार कर रही हूं, वे जबलपुर से आने वाले हैं। मैं हैरान हूं कि अन्य कोई मित्र नजर नहीं आ रहे हैं और सोचने लगती हूं कि कहीं मुझे उनके आने की कोई गलत सूचना तो नहीं मिल गई। फिर भी मैं यही तय करती हूं कि गाड़ी आने तक तो इंतजार करूंगी ही। मेरी आंखें किसी परिचित चेहरे को खोज रही है,

लेकिन कोई दिखाई नहीं पड़ता। बहुत गर्मी है, मुझे पसीना आने लगता है। गाड़ी जल्दी ही पहुंचने वाली है, लेकिन उन्हें लेने अभी तक कोई नहीं पहुंचा है। मुझे संदेह होता है कि क्या सभी मित्रों ने एक साथ ओशो को छोड़ने का फ़ैसला कर लिया है क्योंकि उनके इर्द-गिर्द सदा ही विवाद चलते रहते हैं, वे सत्य को नग्न रूप से कह रहे हैं, जिसे अधिकांश लोग सहजता से निगल नहीं पाते। वे बिना किसी दया के भारत की सभी जड़ परम्पराओं पर कठोर प्रहार कर उन्हें उखाड़ रहे हैं।

मैं अपने विचारों में खोई हुई हूं कि प्लेटफार्म पर गाड़ी के पहुंचने के शोर से चौंक जाती हूं। मेरा ह्रदय तेजी से धड़कने लगता है और नजरे एयरकंडीशंड कंपार्टमेंट की ओर टिक जाती हैं। यात्री एक-एक कर नीचे उतरने लगते हैं। थोड़े से ये मिनट अनंतकाल जैसे लगते हैं। अंततः वे भी गाड़ी से उतर रहे हैं। मैं उनकी ओर दौड़ती हूं और वे गाड़ी से उतर आते हैं। मैं उनके चरण छूती हूं और अपना हाथ मेरे सिर पर रखकर वे मुझे आशीर्वाद देते हैं। मैं उनकी मौजूदगी में अत्यंत आनंदित हूं और लगता है जो अदृश्य सुगंध उन्हें घेरे रहती है उसने मुझे भी अपने में समेट लिया है।

वे पूछते हैं, 'दूसरे मित्र कहां हैं?'

मैं उन्हें बताती हूं, 'मुझे मालूम नहीं कि बाकी और मित्र क्यों नहीं आए हैं, पर यह मुझे पता है कि आपको कहां ठहरना है।' मैं उनसे पूछती हूं क्या वे टैक्सी से चलना चाहेंगे?

वे कहते हैं, 'हम इंतजार करते हैं। मित्र जल्दी ही आते होंगे।'

मैं उनके चेहरे की ओर देखती हूं। वहां किसी तरह की बेचैनी जल्दबाजी नहीं है। हम दोनों को छोड़कर बाकी लगभग सभी लोग प्लेटफार्म से जा चुके हैं। यह देखकर मैं थोड़ी चिंतित हो जाती हूं और वे कुछ चुटकुले सुना-सुनाकर मुझे हंसाने लगते हैं। मेरे अन्तरतम का एक हिस्सा तो उनके साथ अकेले होने के कारण बहुत आनंदित है, लेकिन दूसरा हिस्सा उनके बारे में चिंतित है, वे चौबीस घंटे गाड़ी में बिताकर आए हैं और अब यहां गर्मी में खड़े हुए हैं। मैं बहुत असहाय महसूस करती हूं।

अंततः कोई आधे घंटे बाद ईश्वरभाई, लहरुभाई व अन्य कुछ मित्र उन्हें लेने भागे चले आ रहे हैं। पूरा दृश्य देखकर वे लोग भी हक्के-बक्के रह जाते हैं क्योंकि रेलवे पूछताछ वालों ने उन्हें बताया था कि गाडी आधा घंटा लेट है।

ओशो की यह बड़ी कला है कि वे कभी किसी को अपराधभाव नहीं अनुभव करने देते। वे इतने प्रेम से सबसे मिलते हैं कि जो कुछ हुआ उसके प्रति कोई भी गंभीर नहीं रह जाता। हंसते हुए और मित्रों से बात करते हुए वे चल पड़ते हैं और मैं ठगी सी उनके पीछे हो लेती हूं, और मेरा ह्रदय कहता है, 'वे इस संसार के नहीं है।'

10

हम ओशो के साथ वी.टी. स्टेशन आए हैं, वे जबलपुर जा रहे हैं। 1969 में गर्मियों की तपती हुई दोपहर है। मैं उनके पीछे खड़ी हुई यह देख रही हूं कि उनके पीठ से पसीना कैसे पानी की छोटी सी धार की तरह उनकी कमर की ओर बह रहा है। उन्होंने सफेद लुंगी पहनी हुई है और ऊपर चादर लपेटी हुई है। उनकी पीठ आधी उघड़ी हुई है। वे अपने पूरे सौंदर्य और पूरी गरिमा के साथ ऐसे खड़े हैं जैसे कोई सिंह उन भेड़ों की झुंड में खड़ा है जो उसके प्रेम में पड़ गई हैं।

गाड़ी छूटने ही वाली है, लेकिन उनका सामान अभी तक नहीं पहुंचा है। सामान एक दूसरी कार में रखा गया था। हम लोग चिंतित हो जाते हैं। वे एक ध्यान शिविर लेने जा रहे हैं और मैं सोचने लगती हूं कि वहां वे अपने कपड़ों के बगैर क्या करेंगे? अचानक वे मुड़ते हैं और मेरी ओर देखते हैं। मैं शर्मिंदा महसूस करती हूं कि अपने संदेहग्रस्त मन से मैंने उन्हें परेशान किया। वे मेरी ओर देखकर मुस्कुरा भर देते हैं। जब मैं यह लिख रही हूं तो अभी भी उनकी श्रद्धा से चमकती हुई आंखें मेरे सामने तैर रही है। मैं शांत हो जाती हूं और उनके शब्दों का स्मरण करती हूं 'आस्तित्व में श्रद्धा रखो।'

गार्ड दोबारा सीटी बजाता है और ओशो अपने सामान के बिना ही गाड़ी में चढ़ जाते हैं। गाड़ी में वे दरवाजे पर खड़े हो जाते हैं और अपनी शरारती मुस्कान से सबको देखने लगते हैं। कहीं अपने हृदय में मैं जानती हूं कि जब तक उनका सामान नहीं आ जाता, गाड़ी नहीं छूटेगी। हम सब दम साधे वहां खड़े यह देख रहे हैं कि आगे क्या होता है? अपने संबुद्ध सद्‌गुरु की मौजूदगी में हम कितनी बेहोशी का व्यवहार कर रहे हैं, लेकिन उनकी करूणा अपार है। हम जैसे हैं उन्होंने हमें वैसा ही स्वीकार किया है और वे कभी भी हमें यह भाव नहीं देते कि हम अज्ञानी हैं या बेहोश हैं।

धीरे-धीरे गाड़ी सरकने लगती है, और आश्चर्य कि उसी समय ईश्वरभाई का ड्राइवर ओशो का सूटकेस लिए, भीड़ को इधर-उधर धकेलता आता दिखाई पड़ता है। वह ओशो के कंपार्टमेंट पर पहुंचकर सूटकेस को ओशो के पीछे रख देता है जो कि दरवाजे पर खड़े हम सबको हाथ हिला कर गुड बाई कह रहे हैं।

गाड़ी चली जाती है। मेरा हृदय मौन में डूब जाता है। मैं अपनी आंखें बंद करके पास ही एक बैंच पर बैठ जाती हूं। एक मित्र आकर मुझे हिलाते हैं और कहते हैं, 'चलो चलें।' मैं

अपनी आंखें खोलती हूं और सोचती हूं कि अब कहां जाना है, मेरा हृदय तो उनके साथ जा ही चुका। मैं सारे संसार को चीख-चीखकर बताना चाहती हूं, 'फिर से एक बुद्ध हमारे बीच जी रहा है।'

11

आज मूसलाधार वर्षा हो रही है और ओशो को शाम की फ्लाइट से पूना जाना है। वे बंबई में चर्चगेट स्टेशन के नजदीक 'सी.सी.आई. चेंबर्स' में ठहरे हुए हैं और वहां से एयरपोर्ट पहुंचने में कम से कम एक घंटा लगता है। हम पांच बजे घर से निकल पड़ते हैं। मैं लक्ष्मी के साथ बैठ जाती हूं जो कि कार चला रही है, और तरु पीछे की सीट पर ओशो के साथ बैठ जाती है। किसी कारणवश वह रो रही है। कार पेडर रोड़ से होकर गुजर रही है और मैं बाहर देखती हूं। 'वुडलैंड्स' बिल्डिंग का निर्माण कार्य पूरा हो चुका है।

मैं ओशो से कहती हूं, 'इस बिल्डिंग में तेरहवीं मंजिल नहीं बनायी गयी है।' वे बिल्डिंग की ओर देखते हैं और लक्ष्मी से यह पता लगाने को कहते हैं कि उसमें कोई अपार्टमेंट बिकाऊ है या नहीं? लक्ष्मी चुप रहती है। हम जानते हैं कि हमारे पास अपार्टमेंट खरीदने के लिए धन नहीं है।

लक्ष्मी रेडियो चालू करती है और उसमें से आवाज आती है, 'एक रुपये की लॉटरी खरीदिए और एक महीने में दस लाख कमाइए।'

ओशो हंसते हैं और तरु से कहते हैं, 'लॉटरी की टिकट खरीदने के बारे में क्या इरादा है?' उसका रोना हंसी में बदल जाता है। यह तो मैं नहीं जानती कि तरु ने लॉटरी का टिकट खरीदा या नहीं लेकिन ओशो के लिए वुडलैंड्स में अपार्टमेंट जरूर खरीदा गया। वह कैसे खरीदा जा सका, यह मैं नहीं जानती।

बरसात बहुत तेज हो रही है, लेकिन लक्ष्मी कार को भारी ट्रैफिक के बीच से निकालती हुई बढ़ी जा रही है ताकि एयरपोर्ट समय से पहुंचा जा सके। भारत और पाकिस्तान के बीच युद्ध चल रहा है। सूर्यास्त के बाद सरकार द्वारा 'ब्लैक आउट' की घोषणा की गई है। लक्ष्मी किसी तरह समय पर एयरपोर्ट पहुंच जाती है और हम सब वेटिंग रूम में जाकर आराम से सोफे पर बैठ जाते हैं।

आज ओशो बहुत थके हुए लग रहे हैं। एयरपोर्ट पर और भी कई मित्र आ पहुंचे हैं, और काफी शोर-शराबा हो रहा है। पूना की फ्लाइट आधा घंटा विलम्ब से जाने की घोषणा होती

है। मैं ओशो के पास जाकर पूछती हूं कि क्या वे कुछ चाय-नाश्ता लेना पसंद करेंगे। वे इसके लिए स्वीकृति दे देते हैं और साथ ही सभी के लिए चाय-नाश्ता लाने को कहते हैं। हम कोई दस लोग वहां पर हैं। चाय और नाश्ता लाकर हम सब के बीच एक मेज पर रख दिया जाता है। पूरा वातावरण उत्सवमय हो जाता है। हम युद्ध और ब्लैक आउट के बारे में भूल जाते हैं और ओशो के साथ बैठकर खाने तथा चाय पीने का आनंद लेते हैं।

जब यह घोषणा की जाती है कि पूना फ्लाइट एक घंटा और लेट है तो हम सकते में आ जाते हैं। प्लेन से पूना पहुंचने में सिर्फ बीस मिनट लगते हैं। एयरपोर्ट तक पहुंचने के लिए पहले ही हम एक घंटे का सफर तय करके आए हैं और अब एयरपोर्ट पर बैठे हुए भी आधा घंटा बीत चुका है। तीन घंटे में तो ओशो कार या गाड़ी से भी पूना पहुंच सकते थे।

हम बड़े असहाय महसूस कर रहे हैं और मैं सोचने लगती हूं कि कितना अच्छा हो यदि ओशो के पास अपना ही छोटा सा प्लेन हो। एयरपोर्ट पर घंटो-घंटों बैठकर इंतजार करने में उन्हें कितनी थकान होती होगी। ओशो लक्ष्मी की ओर देखते हैं और वह कहती है, 'अब कार से जाने का कोई मतलब नहीं है। पहले ही हम यहां काफी देर इंतजार कर चुके हैं।'

ओशो वापस बैठ जाते हैं और हम सबको तनाव में देखकर हमें चुटकुले सुनाने लगते हैं। अंतिम चुटकुला वे हमें मुल्ला नसीरुद्दीन के बारे में सुनाते हैं। मुल्ला बीमार है और अपने डॉक्टर के पास जाता है। वह अपनी बारी आने के लिए बहुत इंतजार करता है, बहुत इंतजार करता है पर तब भी उसकी बारी नहीं आती तो वहां से जाने लगता है। जैसे ही वह उठने लगता है, एक नर्स आती है और पूछती है, 'मुल्ला क्या हुआ? जा क्यों रहे हो?'

मुल्ला कहता है, 'घर जाकर स्वाभाविक मौत मरना ज्यादा अच्छा है।'

जैसे ही वे यह चुटकुला खत्म करते हैं, तुरन्त उठ खड़े होते हैं और हम हैरान होते हैं कि पूना की फ्लाइट के बारे में यह घोषणा की जा रही है कि वह दस मिनट में रवाना होगी। हम लोग प्रसन्न हो जाते हैं। ओशो सबको नमस्ते करके जाने लगते हैं और मैं उनके पीछे उस छाया की तरह हो लेती हूं जो उनसे अलग होने की कल्पना भी नहीं कर सकती। हम सीढ़ियों पर चढ़ जाते हैं और वे पीछे मुड़कर एक बार फिर से मित्रों की ओर देखकर हाथ हिलाते हैं।

12

ओशो पूना में सोहन के घर ठहरे हैं और संघवी टिफिन फैक्ट्री के ग्राउंड पर उनके प्रवचन चल रहे हैं। संघवी टिफिन फैक्ट्री सोहन के घर से काफी दूर है। आज शाम प्रवचन

के लिए जाने का समय हो चुका है, लेकिन ड्राइवर अभी तक नहीं आया है। हम करीब पांच मिनट तक इंतजार करते हैं और तब ओशो अपनी घड़ी की ओर देखते हुए कहते हैं, 'देर हो रही है, चलो चलते हैं।' इससे पहले कि कोई कुछ कहे, वे कार का आगे का दरवाजा खोलकर ड्राइवर की सीट पर बैठ जाते हैं और कार स्टार्ट कर देते हैं। सोहन और मैं हैरानी से एक-दूसरे की ओर देखती हैं। मैं आगे का दरवाजा खोलकर सोहन को उनके साथ बैठने को कहती हूं तथा मैं पीछे की सीट पर बैठ जाती हूं। वे बहुत तेज कार चला रहे हैं, और हम दोनों अपनी सांसे थामे बैठी हुई हैं। इस रास्ते में इतने मोड़ हैं, कि मैं सोचने लगती हूं उन्हें रास्ता मालूम भी है या नहीं।

मुझे अचंभा होता है कि कुछ ही मिनटों में हम अपनी मंजिल पर पहुंच जाते हैं। जो मित्र उनके स्वागत के लिए प्रतीक्षा में खड़े हैं वे लोग आकर पीछे का दरवाजा खोलते हैं। मैं बाहर निकलती हूं तो वे मुझसे पूछते हैं, 'ओशो कहां हैं?'

इस बीच, ओशो आगे का दरवाजा स्वयं खोलकर बाहर निकल आए हैं और पोडियम की ओर चल पड़ते हैं। मैं सिर्फ अंगुली से ही उनकी ओर इशारा करती हूं तथा अपनी घड़ी की ओर देखती हूं। हम समय से दो मिनट पहले की पहुंच गए हैं। ओशो कभी भी प्रवचन के लिए देर से पहुंचना पसंद नहीं करते। क्या विलक्षण सद्‌गुरु है? समयातीत में जीते हैं और सर्वदा ही समय के पाबंद! ओशो आपकी करुणा अपार है। अपने सहयात्रियों के लिए आपके प्रेम और आपकी करुणा को शब्दों में व्यक्त नहीं किया जा सकता। जिन्होंने उसका स्वाद लिया है, वे ही इसे समझ पाएंगे।

13

ओशो जबलपुर से आ पहुंचे हैं। उन्हें प्लेन से उदयपुर जाना है। इंडियन एयरलाइंस की कई दिनों से हड़ताल चल रही है और हम आशा कर रहे हैं कि हड़ताल कभी भी समाप्त हो सकती है। लेकिन हड़ताल जारी है। उदयपुर पहुंचने का कोई और उपाय हम नहीं सोच पाते और ओशो को सुझाव देते हैं कि वहां का ध्यान शिविर कुछ समय के लिए स्थगित कर दिया जाए। लेकिन ओशो समय पर वहां पहुंचने के अपने निश्चय पर अटल हैं। हम सोच में पड़े हुए हैं कि यह कैसे संभव हो सकता है। गाड़ियों की रिजर्वेशन्स भरी हुई हैं, और लंबी-लंबी वेटिंग लिस्ट्स चल रही हैं। वे सुझाव देते हैं कि हम जाकर रेल रिजर्वेशन अधिकारी से कहें कि अहमदाबाद जाने वाली 'गुजरात मेल ट्रेन' में वह एक एयरकंडीशंड कंपार्टमेंट और जोड़ दें

और उसमें आठ स्लीपर हमारे लिए बुक कर लिए जाएं। हम हैरान होते हैं जब रिजर्वेशन अधिकारी को यह सुझाव बहुत पसंद आता है और वह अपनी वेटिंग लिस्ट को देखता हुआ तुरंत सहमत हो जाता है। हम अपने आठ स्लीपर बुक करवाकर जल्दी से ओशो और दूसरे मित्रों को सूचित करते हैं और सबको तैयार होकर 8 बजे तक बंबई सेंट्रल स्टेशन पर पहुंचने को कहते हैं।

हम सभी फूले नहीं समा रहे हैं कि हमें उनके साथ एक ही कंपार्टमेंट में यात्रा करने को मिलेगा। सभी लोग समय पर पहुंच चुके हैं। ओशो बहुत प्रसन्न दिखाई दे रहे हैं। वे अपने स्लीपर पर आलथी-पालथी लगाकर बैठे हुए हैं, और हम सबने उन्हें घेरा हुआ है। वे हमें चुटकुले सुनाते हैं, और पूरा कंपार्टमेंट ठहाकों से गूंजने लगता है। लोग झांक-झांककर देख रहे हैं कि यहां क्या हो रहा है? कुछ देर बाद हम उन्हें अकेला छोड़ देते हैं और अपने-अपने स्लीपर पर चले जाते हैं।

गाड़ी अहमदाबाद समय से पहुंच जाती है। एक मित्र के घर नाश्ता करने के बाद हम उदयपुर पहुंचने के लिए दो टैक्सियां कर लेते हैं। बहुत गर्मी है। अपनी गहरी बेहोशी में हम उनके लिए एयरकंडीशंड कार का इंतजाम करने का भी नहीं सोच पाते। यह 6-8 घंटे का सफर है। ओशो एक मित्र के साथ टैक्सी की पिछली सीट पर बैठे हुए हैं और मैं आगे ड्राइवर के साथ बैठी हुई हूं। मैं पसीने से लथपथ हूं और आगे रास्ते की कभी न खत्म होने वाली धूलभरी सड़क को देख- देखकर मेरा सिर दुखने लगता है।

मैं पीछे मुड़कर देखती हूं। ओशो आंखें बंद करके निर्लिप्त से बैठे हुए हैं, जैसे कि बाह्य जगत से उन्होंने सारे सम्बंध तोड़ लिए हों। मैं सोचती हूं कि मैं भला कब यह सीख पाऊंगी? यह बड़ा असंभव-सा काम लगता है। तब मुझे लगता है कि मैंने किसी तरह उन्हें परेशान कर दिया है। और वे अपनी आंखें खोलते हैं व सोडा मांगते हैं। भारत के भिन्न-भिन्न इलाकों में लगातार यात्रा करते रहने के कारण उन्होंने पानी पीना छोड़ दिया है। हम टैक्सी रुकवाते हैं। मैं पीछे रखे बड़े थर्मस में से एक सोडा निकालती हूं और एक नेपकिन को ठंडे पानी में भिगो लाती हूं।

जब वे सोडा खत्म कर लेते हैं तो मैं गीला नेपकिन उन्हें सिर पर रखने के लिए देती हूं। नेपकिन लेकर वे छोटे बच्चों की तरह वैसा ही करते हैं जैसा मैं उन्हें करने को कहती हूं। जब उन्हें भीगे नेपकिन की ठंडक महसूस होती है तो वे मुझसे पूछते हैं, 'ये तरकीबें मैंने कहां से सीखी हैं?' गर्मी इतनी अधिक है कि नेपकिन आधे घंटे में ही सूख जाता है और मैं उसकी जगह गीला कर- करके दूसरा नेपकिन तब तक देती रहती हूं, जब तक कि हम उदयपुर नहीं पहुंच जाते।

14

शाम सात बजे तक हम उदयपुर पहुंच जाते हैं। वहां हम यह देखकर हैरान रह जाते हैं कि ओशो और हम सबके लिए एक ही कमरे का प्रबंध किया गया है, वह भी ऐसी बिल्डिंग में जिसके निर्माण का काम अभी चल ही रहा है। कमरे में एक चारपाई पड़ी है उस पर सफेद चादर से ढका पतला-सा गद्दा पड़ा हुआ है। यह ओशो का बिस्तर है और बाकी हम सबके सोने के लिए उसी कमरे में दरियां बिछी हुई हैं। यह देखकर तो मैं और भी हक्की-बक्की रह जाती हूं कि कमरे में बिजली का पंखा तक नहीं है। कमरे के एक कोने में कुछ हाथ से झलने वाले पंखे रखे हुए हैं। कहीं से एक बल्ब जलाने के लिए बिजली का कनेक्शन लिया गया है। पास ही एक बाथरूम है जो हम सब के उपयोग के लिए तैयार किया गया है।

इतने थकान भरे सफर के बाद हम अपनी दरियों पर बैठकर सुस्ताने लगे और ओशो अपनी चारपाई पर ऐसे लेट जाते हैं जैसे कोई बच्चा पालने में सो रहा हो। सभी चुप हैं। मुझे इस सारी व्यवस्था पर बहुत ही क्रोध आ रहा है, पर उसे अभिव्यक्त करने के लिए कोई शब्द नहीं मिल पा रहे हैं। ऊपर-ऊपर से मैं भी शांत रहती हूं।

मैं ओशो को देखती हूं। ऐसे लगता है जैसे उन्होंने इस सब कुछ को आनंद से स्वीकार कर लिया है। उनके चेहरे पर शिकायत का लेशमात्र भी भाव नहीं है। कुछ मिनट आराम करने के बाद तौलिया अपने कंधे पर लटकाए वे बाथरूम की ओर चले जाते हैं। जैसे ही वे जाते हैं, हम लोग आपस में इस अजीबो-गरीब स्थिति के बारे में बातें करने लगते हैं।

आयोजक ओशो की कठिनाई को नहीं समझ सकता। वह सोचता है कि उसने सबसे बेहतर इंतजाम किया है, और आस-पास कोई दूसरा कमरा भी उपलब्ध नहीं है। ओशो को बाथरूम से बाहर आता देख हम सब चुप हो जाते हैं। वे ताजगी से भरे सद्यःस्नात और कान्तिमय लग रहे हैं। मैं उन्हे अपलक निहारने से स्वयं को नहीं रोक पाती। वे हमारी ओर देखकर मुस्कुराते हैं और अपनी चारपाई पर ऐसे बैठ जाते हैं जैसे कोई महाराज अपने खूबसूरत सिंहासन पर बैठा हो। मैं सोचती हूं उनके पास कोई अद्‌भुत गुप्त कुंजी है, और मैं उसे चुराना चाहती हूं।

15

दोपहर के भोजन का समय है, और हम सब ओशो के साथ मेज के चारों ओर बैठे हुए हैं। ऐसा लगता है कि जिन मित्रों ने इस शिविर का आयोजन किया है वे लोग बहुत निर्धन हैं। जो भोजन वे दे रहे हैं, वह बहुत निम्न स्तर का है। दाल बिलकुल पानी जैसी पतली है, और उसके साथ चूरी का चावल उबाला हुआ है जिसमें मैं काले कंकड़ देख पा रही हूं।

मैं ओशो के बगल वाली कुर्सी पर बैठी हूं, और उन्होंने बड़े उत्साह से खाना शुरू कर दिया है। वे इतने मजे से खा रहे हैं जैसे कोई बहुत स्वादिष्ट भोजन हो। एक वृद्ध व्यक्ति ओशो के पास लड्डूओं का डिब्बा लेकर खड़े हैं। वह एक लड्डू ओशो की थाली में रख देते हैं, जिसे ओशो मुस्कुराकर-स्वीकार करते हैं। वह वृद्ध खुश होकर एक और लड्डू ओशो की थाली में रख देते हैं। ओशो उन्हें कुछ नहीं कहते, बस चुपचाप लड्डू लेकर मेरी थाली में रख देते हैं।

मैं एकदम से कहती हूं, 'ओशो, मुझे नहीं चाहिए।'

वे हंसकर कहते हैं, 'ना मत कहो, बस इसे अगले व्यक्ति की ओर बढ़ा दो।' यह बात मुझे जमती है, और मैं वैसा ही करती हूं। जिन मित्र की थाली में मैंने लड्डू रखा, उन्होंने भी ओशो की बात सुन ली, वह भी लड्डू को अपने से अगले व्यक्ति की ओर बढ़ा देते हैं।

और, अंत में लड्डू वापस उन वृद्ध व्यक्ति के डिब्बे में पहुंचता है। तो हम सभी का एक जोरदार हंसी का ठहाका फूट पड़ता है।

ओशो खाना खाते समय चुटकुले सुनाने का आनन्द लेते हैं। उनके साथ बैठकर भोजन करना दावत में बदल जाता है। यह बिल्कुल महत्व नहीं रखता कि हम क्या खा रहे हैं? आज वे यह चुटकुला सुनाते हैं। एक बार अकबर ने बिना किसी कारण के बीरबल को थप्पड़ मारा तो बीरबल ने भी झटपट अपने पास खड़े एक व्यक्ति को थप्पड़ मार दी। वह व्यक्ति नाराज होकर बीरबल से पूछने लगा कि उसने क्यों उसे थप्पड़ मारा है?

बीरबल बोला, 'पूछो मत, बस थप्पड़ को आगे बढ़ा दो।' फिर तो यह खेल महल में दिनभर चलता रहा, और अंत में रात को जब अकबर सोने लगा तो उसकी पत्नी ने उसे थप्पड़ मारा।

'गंभीर मत बनो' ओशो का मुख्य संदेश है जिसका वे केवल उपदेश ही नहीं देते, वरन क्षण-क्षण उसे जीते हैं।

16

तपती हुई दोपहर है और ओशो भोजन के बाद अपनी चारपाई पर आराम कर रहे हैं, बाकी सब लोग बाहर गए हुए हैं। मैं दरवाजे की सिटकनी लगाकर चारपाई के पास ही फर्श पर बैठ जाती हूं और उन्हें पंखा करने लगती हूं। कुछ देर बाद वे आंखे खोलते हैं और कहते हैं, 'पंखा बंद कर और सो जा।'

मुझे लगता है शायद वे समझ रहे हैं कि मैं थक गई हूं, लेकिन वास्तव में मैं तो इसका रस ले रही हूं कि उनको कुछ आराम पहुंचा पा रही हूं। मैं उनसे कहती हूं, 'गर्मी बहुत है, इसलिए मैं आपको पंखा कर रही हूं।'

वे कहते हैं, 'परिस्थिति को स्वीकार कर लो तो फिर कोई समस्या नहीं होती।' वे पुनः आंखें बंद कर लेते हैं। मैं पंखा करना बंद कर देती हूं और आहिस्ता से वहां से हट जाती हूं। कौतुहल से भरे लोग उछल-उछलकर बिना पर्दे की खिड़कियों में से भीतर झांकने की कोशिश कर रहे हैं। मैं ओशो की ओर देखती हूं। वे ऐसे लेटे हैं जैसे कोई सम्राट अपने स्वर्ण सिंहासन पर लेटा हो।

रात को मैं उनका गद्दा छत पर ले जाकर वहां जमीन पर उनके लिए बिस्तर लगा देती हूं। वहां काफी ठंडक है, और उनको खुले आकाश के नीचे सोना अच्छा लगता है, वे हमें भी वहां आकाश के नीचे सोकर चांद और सितारों का आनंद लेने को कहते हैं।

17

सुबह के प्रवचन में मैं उनके बहुत पास बैठी हुई अपने छोटे से टेप रिकार्डर पर उनका प्रवचन रिकार्ड कर रही हूं। मुझे एक्सटेंशन कॉर्ड्स की कोई जानकारी नहीं है। हमेशा की तरह उनके माइक पर ही मैंने अपने माइक्रोफोन की तार बांध दी है।

आज कुछ आश्चर्यजनक घट रहा है। जैसे ही वे बोलना शुरू करते हैं मुझे लगता है कि वे क्या कहने जा रहे हैं, वह मुझे शब्दशः पता है। बाद में जब उनको मैं इस अनुभव के बारे में बताती हूं तो वे कहते हैं, 'इसे सद्गुरु के साथ समस्वरता कहा जाता है। बोले जाने से पहले शब्द विचारों के रूप में चेतना में ऐसे उठते हैं जैसे लहरें उठ रही हों। यदि कोई

शांत हो तो वह शब्द से पहले विचार को पकड़ सकता है। यह बहुत आसान बात है।' फिर वे कहते हैं कि मैं विचारों पर ज्यादा ध्यान न देकर उस स्रोत की ओर देखूं जहां से ये उठते हैं। पूरी प्रक्रिया को इतने सरल ढंग से वे समझाते हैं कि उन्हें सुनते समय ही उसकी स्पष्ट झलक मिल जाती है।

18

इंडियन एयरलाइंस की हड़ताल समाप्त हो गई है और हम प्लेन द्वारा ही उदयपुर से अहमबदाबाद जाते हैं। प्लेन में यात्रा करने का यह मेरा पहला अनुभव है। ओशो प्लेन में चढ़ जाते हैं और मैं भी उनके पीछे-पीछे चल देती हूं। जब वे खिड़की के पास की सीट पर बैठ जाते हैं तो मैं भी उनके साथ बैठ जाती हूं। मैं उनसे कहती हूं, 'मैं पहली बार प्लेन से सफर कर रही हूं इसलिए मुझे डर लग रहा है।' इसी बीच एक एयर होस्टेस एक ट्रे लेकर आती है। ओशो एक छोटा-सा पैकेट उठा लेते हैं और उसे खोलते हैं। उसमें रुई है। रुई को तोड़कर वे दो टुकड़े करते हैं और उनमें से एक मुझे देकर कहते हैं, 'इसे अपने कानों में लगाओ, और जब प्लेन उड़ान भरे तो आंखें बंद करके भीतर देखना। यह ध्यान के लिए एक अच्छा अवसर है।'

फिर वे मुझे बताते हैं कि बेल्ट कैसे बांधनी है। यह कोई आधे घंटे का सफर था, जो मुझे कभी नहीं भूलेगा। जब प्लेन चलना शुरू होता है तो मैं आंखें बंद कर लेती हूं। जब प्लेन उड़ान भरता है तो सच में बड़ा अद्‌भुत अनुभव होता है। मुझे ऐसा लगता है कि मैं किसी और ही जगत में पहुंच गई हूं। कुछ क्षणों बाद मैं अपनी आंखो खोलती हूं और खिड़की से बाहर देखती हूं। हमारा प्लेन बादलों के बीच से गुजर रहा है, और मैं अपने इस अभूतपूर्व अनुभव से रोमांचित हो जाती हूं।

मैं ओशो की ओर देखती हूं। वे आंखे बंद किए, बिना हिले-डुले संगमरमर की किसी सुंदर मूर्ति की भांति निश्चल बैठे हुए हैं। मैं नहीं जानती कि इसे क्या कहूं, 'वे पूरी तरह मैजूद हैं, या पूरी तरह गैरमौजूद हैं।' यह तो पक्का है कि वे सो नहीं रहे हैं।

जैसे ही प्लेन अहमदाबाद एयरपोर्ट पर उतरता है, वे आंखें खोलने के बाद अपनी बेल्ट हटाते हैं, और मुझसे पूछते हैं, 'कैसा रहा?'

मैं कहती हूं, 'ओशो बहुत बढ़िया, सचमुच मैंने खूब आनंद लिया।' और मैं मन ही मन सोचती हूं, 'प्लेन से एक बार यात्रा करना गाड़ियों में दस बार यात्रा करने से बेहतर है।' मुझे

लगता है उन्होंने यह सुन लिया, वे मेरी ओर देखकर बस मुस्कुरा देते हैं।

19

अहमदाबाद में ओशो के ठहरने की व्यवस्था एक खाली अपार्टमेंट में की गयी है, जो अतिथियों के लिए ही है। यह पहली मंजिल पर चंपकभाई के आपार्टमेंट के सामने ही है। इसमें दो बैडरूम हैं। जिनमें से एक एयरकंडीशंड है और उसमें बड़ा आरामदायक बिस्तर लगा है। दूसरे बैडरूम में फर्श पर गद्दे लगे हुए है। यह जगह मुझे पसंद आती है। कमरों के साथ बड़ी खुली-खुली बालकनी भी है। ओशो को एयरकंडीशंड कमरा ज्यादा आरामदेह लगता है और वे जल्दी सो जाते है। क्रांति, जो उनकी देखभाल कर रही है, उनके कमरे में ही अपना बिस्तर लगा लेती है। कल सुबह वे भगवद्‌गीता पर अपने प्रवचन शुरू करने वाले हैं।

हमारे साथ बंबई के चार और मित्र भी हैं, जो उदयपुर से ही साथ आए हैं। वे रातभर यहीं रुककर कल सुबह चले जाना चाहते हैं। ओशो इसके लिए सहमत हो गए हैं और मुझे भी इसमें कोई समस्या नजर नहीं आती। थोड़ी गपशप के बाद मैं कमरे के एक कोने में अपना बिस्तर बिछा लेती हूं, और ये चारों मित्र, जो कि पुरुष हैं, एक ओर अपने बिस्तर लगाकर सो जाते हैं।

दरवाजे पर दस्तक सुनकर मैं उठती हूं और जाकर दरवाजा खोलती हूं। हमारे मेजबान यह देखने के लिए आए हैं कि हम कैसे सो रहे हैं। चार पुरुषों के साथ मुझे कमरे में अकेला देख वह पूछते हैं, 'दूसरी स्त्री कहां है?'

मैं उन्हें बताती हूं, 'वह ओशो की बहन है और उनके कमरे में सो रही है।'

मैं देख सकती हूं कि वे कितने आग बबूला हो रहे हैं। ऊंची आवाज में वह मुझसे कहते हैं, 'मेरे घर में यह सब नहीं चलेगा। या तो तुम जाकर ओशो के कमरे में सो जाओ, या क्रांति को अपने साथ सोने के लिए बुला लाओ।'

मैं हैरान हूं और कुछ समझ नहीं पा रही कि इस आदमी को कैसे समझाऊं। मैं उनसे कहती हूं, 'मैं ओशो को परेशान करना नहीं चाहती। वे सो चुके हैं।'

वे चले जाते हैं, और शायद अपनी पत्नी से सलाह-मश्विरा करने के बाद वापस लौट कर आते हैं। वे बड़े परेशान नजर आ रहे हैं। और मुझसे कहते हैं कि मैं चार पुरुषों के साथ एक ही कमरे में नहीं सो सकती, लेकिन इसके बजाय उनके बच्चों के कमरे में सो सकती हूं। बेकार की बहस से बचने के लिए मैं इससे राजी हो जाती हूं और

उनके बच्चों के कमरे में जाकर फर्श पर गद्दा लगा कर सो जाती हूं, जहां उनके दो बच्चे अपने बिस्तरों पर पहले से ही सोए हुए हैं। नीचे बिस्तर पर लेटने के बाद मैं सोचती हूं, 'हम कितने सड़े-गले समाज में रह रहे हैं। ये काम दमित लोग अपनी मानसिकता ही हम पर प्रक्षेपित करके सोचते हैं कि वे बड़े नैतिक, सुसंस्कृत व सभ्य लोग हैं और हमारा व्यवहार अनैतिक है।'

जब मैं ओशो को इस घटना के बारे में बताती हूं तो वे जयंतीभाई से कहते हैं कि उनके ठहरने का प्रबन्ध कभी ऐसे लोगों के घर में नहीं करना चाहिए जिन्होंने कभी भी न तो उन्हें सुना है और न ही उन्हें जानते हैं, 'बेचारे बेकार ही परेशान होते हैं और फिर दूसरों के लिए भी परेशानी खड़ी करते हैं।'

20

इस अपार्टमेंट में एक ही साझा बाथरूम हैं, और उसमें भी गर्म पानी नहीं आता। मैं सुबह जल्दी उठकर पानी गर्म करती हूं और ओशो के लिए दो बाल्टियां भरकर बाथरूम में रख देती हूं।

वे अपने कमरे से बाहर आते हैं, अपना मुंह धोकर नेपकिन से सुखाने लगते हैं। मैं उनके दांतों का ब्रश निकालकर उस पर पेस्ट लगाती हूं और उन्हें दे देती हूं। वे मुस्कुराकर मेरी ओर देखते हैं व मेरे इस छोटे से काम के लिए मुझे धन्यवाद देते हैं। ब्रश को वे इतनी कोमलता और प्रेम से पकड़ते हैं, जैसे कि वह प्राणवान हो, और फिर धीरे-धीरे अपने दांतों पर ब्रश करने लगते हैं।

आजकल वे 'सिग्नल' टूथपेस्ट इस्तेमाल कर रहे हैं जो कि बाजार में नया-नया आया है। यह ट्यूब लगभग समाप्ति पर है, फिर भी मैं उसे सिंक के पास बने छोटे से शेल्फ में रख देती हूं। अपना मुंह धोने के बाद वे बाथरूम में चले जाते हैं। मुझे अचंभा होता है कि उन्होंने ट्यूब उठाकर सिंक के पास रखे कूड़ेदान में फेंक दी है। मैं सोचती हूं जब तक मुझे नई ट्यूब न मिल जाए तब तक इसे कैसे फेंका जा सकता है? मैं उसे कूड़ेदान में से निकालकर वापस शेल्फ पर रख देती हूं। बाद में मैं एक मित्र को 'सिग्नल टूथपेस्ट' की नई ट्यूब खरीदकर लाने को कहती हूं, परन्तु किसी कारणवश वह मुझे मिल नहीं पाती, और जब अगले दिन उसी ट्यूब में से टूथपेस्ट निकालकर मैं ब्रश पर लगाने लगती हूं, तो उसे देखकर ओशो हंसते हैं और कहते हैं, 'तो तुमने ट्यूब बचा ली।'

मुझे लगता है कि उन्हें ट्यूब को ज्यादा जोर से दबाना पसंद नहीं है, लेकिन मैं क्या कर सकती हूं? जब तक नई ट्यूब नहीं आ जाती तब तक मुझे यह रखनी ही पड़ेगी। किसी तरह तीन दिन तक मैं इसी ट्यूब से काम चलाती हूं, जब तक कि हम अहमदाबाद से चल नहीं देते।

21

सुबह नहाने के बाद, ओशो नाश्ते में चाय व टोस्ट लेना पसंद करते हैं। वे सोफे पर बैठे हुए हैं और एक छोटी सी मेज उनके सामने रखी है। उन्होंने सफेद लुंगी पहनी है और शरीर के ऊपर के हिस्से पर कुछ नहीं पहना है। ऊपर वे शाल भी लपेटते हैं, जब कहीं बाहर जाते हैं। उस क्षण वे इतने तरोताजा व सुंदर लग रहे हैं, जैसे कोई पूरा खिला हुआ खूबसूरत गुलाब का फूल हो। मैं टोस्ट और चाय एक ट्रे पर रखकर लाती हूं और ट्रे को मेज पर रखने के बाद उनके सामने ही फर्श पर बैठ जाती हूं। मैं उनके कप में चाय उड़ेलती हूं, तो वे पूछते हैं, 'तेरा कप कहां है।'

मैं कहती हूं, 'ओशो, मैं चाय नहीं पीती।'

वे हंसते हैं और कहते हैं, 'चाय पिए बिना ध्यान संभव नहीं है। चाय ध्यानियों को जगाए रखती है।' और मुझे बोधिधर्म की कहानी सुनाते हैं जिसने अपनी आंखों की पलकें काटकर फेंक दी क्योंकि ध्यान करते हुए उसे नींद सता रही थी। पहली बार चाय की पत्तियां उन्हीं पलकों से ही उगीं थीं।

चाय पीने के लिए मेरी अनिच्छा को देखकर ओशो स्वयं दूसरा कप भरते हैं और मुझ से कहते हैं कि मैं इसे पीकर देखूं। कप लेकर धीरे-धीरे मैं चाय पीती हूं और यह मुझे अच्छी लगती है। मैं ओशो से खुश होकर कहती हूं इसका स्वाद तो सच में ही अच्छा लगता है। वे एक कप और भरकर मुझे दे देते हैं और कहते हैं, एक कप से नहीं चलेगा। तुझे हर रोज सुबह दो कप पीने पड़ेंगे।'

मैं उनसे पूछती हूं, 'यदि कप बड़ा हो तो भी?'

वे कहते हैं, 'कप के साइज से कोई फर्क नहीं पड़ता, हर रोज सुबह दो कप तो पीने ही पड़ेंगे।'

मैं उनसे पूछती हूं, 'यह दो कप का क्या राज है?'

वे कहते हैं, 'यह तेरे लिए झेन कोआन है।'

अगले दिन, नाश्ते के समय वे मुझसे पूछते हैं, 'तुझे झेन कोआन का जवाब मिल गया?'

मैं कहती हूं, 'शायद : एक कप मेरे लिए और एक मेरे प्यारे के नाम पर।'

वे कहते हैं, 'तू जवाब के बहुत करीब आ गई है, लेकिन अभी ठीक वहां तक नहीं पहुंची।'

वहां उपस्थित सभी लोग हंसी के साथ चाय के उत्सव का आनंद लेते हैं।

22

दोपहर का समय है ओशो बालकनी में एक कुर्सी पर बैठे हैं। बसंत का मौसम है। पास ही एक बड़ा सा आम का वृक्ष है, और एक कोयल लगातार कुहुक रही है। उसका मधुर गान मौन को और भी गहरा रहा है।

ओशो मुझसे पूछते हैं, 'क्या तुझे पता है कि यह कोयल नर है या मादा?' मुझे न तो पता है और न इस बारे में कभी सोचा ही है, लेकिन मैं कहती हूं, 'यह नर है।' ओशो मुझसे पूछते हैं मुझे कैसे पता चला? मैं कहती हूं, 'सच में तो मुझे पता नहीं है मैंने बस यूं ही कह दिया।'

वे कहते हैं, 'सच में ही यह नर पक्षी है। हमेशा नर ही बुलाता है तथा स्त्री प्रतीक्षा करती है।' फिर हमें दूसरी कोयल के कुहुकने की आवाज आती है।

'इसको सुन', ओशो कहते हैं, यह मादा कोयल पहली पुकार का जवाब दे रही है। अगर तुम ध्यान से सुनो तो दोनों का फर्क पता लग जाएगा।'

मैं कोयल की मीठी पुकार के बारे में भूल जाती हूं, मैं तो अपने सद्‌गुरु की इस प्रज्ञा से विस्मय विमुग्ध हूं।

23

हम अहमदाबाद में एक बड़े कट्टर जैन परिवार में ठहरे हुए हैं। ओशो प्रवचन में जाने से पहले शाम 6 बजे ही भोजन कर लेते हैं। आजकल वे देर रात गए तक पढ़ते रहते हैं, इसलिए मैं उनसे कहती हूं, 'ओशो आप इतनी जल्दी भोजन ले रहे हैं, रात को आपको भूख लगेगी।' वे बस मुस्कुरा भर देते हैं।

रात 11 बजे क्रांति आकर मुझसे कहती है कि ओशो कुछ खाना चाहते हैं। मुझे समझ नहीं आता कि अब क्या किया जाए? मैं उससे कहती हूं, 'मैं रसोई में जाकर देखती हूं अगर

वहां से कुछ जुटा सकी तो लाती हूं।' बिलकुल दबे पांव मैं रसोईघर में जाती हूं। ऊपर एक शेल्फ में लाइन में अनेकों डिब्बे रखे हुए हैं। उन डिब्बों पर कोई लेबल भी नहीं लगे हैं। मैं उलझन में पड़ जाती हूं और मैं अपनी आंखें बंद करके कुछ देर शांत खड़ी हो जाती हूं और अपनी अंतर्प्रेरणा का ही पालन करती हूं। जो डिब्बा खोलने का मेरा मन करता है वही डिब्बा मैं खोलने लगती हूं। मुझे हैरानी होती है कि मुझे वही सब चीजें मिल रही हैं जो ओशो को पसंद हैं। मैं बहुत खुश हो जाती हूं और प्लेट लेकर तरह-तरह के व्यंजन निकालकर उसमें रखती जाती हूं।

अचानक उस घर की गृहिणी वहां आ जाती है और मुझसे पूछती है कि मैं क्या कर रही हूं? मैं तो बिलकुल ठिठक जाती हूं। वह बहुत ही कट्टर जैन स्त्री है जो रात को खाना खाने को पाप समझती है, और वैसे भी ओशो के लिए तो वे सर्वथा प्रतिकूल बात है। मैं साहस बटोरकर उससे कहती हूं, 'मुझे भूख लगी है और मैं कुछ खाना चाहती हूं।' वह एकदम बेहद नाराज हो जाती है और मेरे आगे कुछ और डिब्बे पटककर मुझे सब कुछ खा लेने को कहती है। मेरे पास कहने को कुछ भी नहीं है। सो मैं चुपचाप भरी हुई प्लेट लेकर रसोईघर से बाहर निकल आती हूं। वह मेरे पीछे आने लगती है।

मैं ओशो के कमरे में जाती हूं, जहां वे कुर्सी पर बैठे कोई किताब पढ़ रहे हैं। मैं कुर्सी के सामने रखी छोटी सी मेज पर प्लेट रख देती हूं और सामने फर्श पर बैठ जाती हूं, पता नहीं क्यों मुझे ऐसा लगता है कि मैं ओशो पर यह बात न आने दूं कि वे रात को खाते हैं। मैं क्रांति को बुलाकर कहती हूं, 'चलो खाएं।' हम दोनों खाने लगती हैं और वह स्त्री वहीं खड़ी हमें देखती रहती है। वह बहुत तनाव में है। उसका ध्यान बंटाने के लिए मैं उससे पूछती हूं, 'इतने बढ़िया पकवान किस ने बनाये हैं? ये बहुत स्वादिष्ट हैं।' वह कोई जवाब नहीं देती। अब तक, ओशो ने भी अपनी पुस्तक रख दी है। वे भी हमारे साथ खाने लगते हैं। मैं देख रही हूं कि यह स्त्री गुस्से से उबल रही है। उसे जब बोलने के लिए कोई शब्द नहीं सूझते तो वह चली जाती है।

जब मैं ओशो को बताती हूं कि रसोईघर में क्या हुआ तो वे छोटे बच्चे की तरह हंसने लगते हैं। वे कहते हैं, 'सुबह उसे बता देना कि हम स्वर्ग जाना नहीं चाहते। हम तो हर तरह के पाप कर-करके नर्क जाने की तैयारी कर रहे हैं।' मैं जोर से हंस पड़ती हूं जिससे मेरा सारा तनाव दूर हो जाता है और हम मजे से पकवान और मिठाई खाते हैं।

24

ओशो बाथरूम में हैं। घर का रसोइया किसी हरे जूस से आधा भरा हुआ एक कप लेकर आता है। वह कहता है, 'यह नीम का जूस है और ओशो सुबह उठते ही यह पीते हैं।' वह कप को मेज पर रखकर चला जाता है।

जब ओशो बाथरूम से बाहर आते हैं तो मैं उन्हें कप में रखे नीम के पत्तों के रस के बारे में बताती हूं। वे कहते हैं, 'यहं मैं पहले पिया करता था, लेकिन अब इसे पीना बंद कर दिया है। इससे खून साफ होता है। यह तुम पी लो।' मैं अपनी हथेली पर एक बूंद लेकर उसको चखती हूं। यह काफी कड़वा है। मैं ओशो से कहती हूं, 'यह तो बहुत कड़वा है।' वे कहते हैं, 'एक क्षण को अपनी सांस रोक ले और एक घूंट में सारा पी जा।' मैं आज्ञाकारी बच्चे की भांति ऐसा ही करती हूं और वे तीनों दिन मुझे नीम का जूस पिलाते हैं और घर पर जाकर भी इसे चालू रखने को कहते हैं।

इन दिनों मैं सक्रिय ध्यान नियमित रूप से कर रही हूं और मेरे नाभि केन्द्र में मुझे कुछ जलन की अनुभूति होती है व पूरे दिन प्यास लगी रहती है, इसके बारे में मैंने कभी ओशो से बात नहीं की, लेकिन नीम का जूस मेरी तकलीफ के लिए औषधि का काम करता है।

मैं नीम का जूस पीना दो महीने तक जारी रखती हूं, जब कि एक दिन एक वृद्ध स्त्री मुझे बताती है कि नीम का जूस एक हफ्ते से अधिक नहीं लेना चाहिए। वह यह सुनकर हैरान होती है कि मैं दो महीने से लगातार इसे पी रही हूं। वह कहती हैं, 'तेरे गुरु ने ही तुझे बचाया है, वरना तो यह बहुत नुकसान पहुंचा सकता है।' मुझे लगता है कि उस वृद्ध स्त्री के माध्यम से ओशो ने ही मुझे संदेश भिजवाया कि मुझे नीम का जूस पीना बंद कर देना चाहिए।

25

आज रात मुझे छोड़कर बाकी सब लोग बाहर भोजन पर गए हैं। ओशो कमरे में आराम कर रहे हैं और मैं बराबर के कमरे में ही अपने बिस्तर पर लेटी हुई हूं, तथा कुछ अस्वस्थ हूं। मेरे बाएं स्तन में कोई गांठ-सी बनने लगी है, और जब मैंने अपने डॉक्टर को दिखाया तो उसने सलाह दी कि टाटा हॉस्पिटल में चेक कराऊं। उसे शक है कि यह गांठ कैंसर

ही न हो। मैं भयभीत हूं। कैंसर से पीड़ित होने के बजाय मैं मर जाना चाहूंगी। मेरे एक करीब के मित्र का भी एक स्तन कैंसर का ऑपरेशन हाल ही में हुआ है। मैं अभी तक मानसिक रूप से चेकअप के लिए जाने को तैयार नहीं हो पाई हूं। मैंने इस बारे में अभी तक किसी से बात नहीं की है, लेकिन इसको लेकर चिंतित रहने लगी हूं।

मैं ओशो से इसके बारे में बात करने का फैसला करती हूं। मैं अपने विचारों में इस कदर खोई हुई हूं कि विश्वास नहीं कर पाती कि ओशो अपने सौम्य मधुर आवाज में मुझे पुकार रहे हैं। मैं अपनी आंखें खोलती हूं और पाती हूं कि वे मेरे बिस्तर के पास ही खड़े हैं। मैं उठना चाहती हूं लेकिन उठ नहीं पाती। ऐसा लगता है, जैसे जम गई हूं। मेरे सिरहाने के पास थोड़ी-सी जगह है, वहां वे बैठ जाते हैं और अपना हाथ मेरे माथे पर रख देते हैं। मैं इतनी अभिभूत हो उठती हूं कि रोने लगती हूं। जब मैं शांत होती हूं तो वे पूछते हैं, 'क्या बात है? क्या तू मुझसे कुछ छिपा रही है?' अब मैं और नहीं रोक पाती और अपने बायें स्तन की गांठ के बारे में उन्हें बता देती हूं। वे पूछते हैं 'यह गांठ कहां है?' मैं उनका दायां हाथ पकड़कर गांठ पर रख देती हूं। वे कहते हैं कि, 'मैं अपने आप को ढीला छोड़ दूं और आंखें बंद कर लूं।'

मैं गहन विश्राम में चली जाती हूं और महसूस करती हूं कि ऊष्मा भरा ऊर्जा का कोई प्रवाह उनके हाथ से निकलकर मेरे शरीर में प्रवेश कर रहा है। वे कुछ क्षण मौन बैठें रहते हैं और फिर अपना हाथ हटा लेते हैं। वे मुझे आश्वासन देते हैं कि सब ठीक है और चिंता की कोई बात नहीं है। मैं उठने की कोशिश करती हूं लेकिन वे कहते हैं, 'कुछ देर लेटी रह', और चले जाते हैं। मैं अहोभाव से भरकर चुपचाप फिर से रोने लगती हूं और पता नहीं कब गहरी नींद आ जाती है। सुबह जब मैं जागती हूं तो बहुत ताजा स्फूर्तिभरा महसूस करती हूं। मैं अपने स्तन को छूती हूं और पाती हूं कि वहां कोई गांठ नहीं है। मुझे पूरा यकीन है कि हीलिंग की अपनी दिव्य ऊर्जा से उन्होंने गांठ को घुला दिया है।

जब मैं बंबई जाकर अपने डॉक्टर को यह दिखाती हूं तो उसे बहुत आश्चर्य होता है और वह जानना चाहता है कि यह कैसे संभव हुआ।

मैं ओशो की हीलिंग शक्ति के बारे में उसे बताती हूं, जिसे कि ओशो हमेशा अस्वीकार करते हैं। ओशो कभी किसी को ठीक करने का दावा नहीं करते, लेकिन मैं ऐसे और भी बहुत से मित्रों को जानती हूं जो उनके दिव्य स्पर्श से ठीक हुए हैं।

26

इस बार मैं ओशो के साथ अहमदाबाद आई हूं, जहां वे गीता पर प्रवचन दे रहे हैं।

सुबह प्रवचन के बाद वे 11.30 बजे भोजन लेते हैं और फिर कुछ घंटे के लिए आराम करते हैं। मैं बाहर दरवाजे के पास स्टूल पर पहरेदारी करने के लिए बैठ जाती हूं। गर्मियों के दिन हैं और मुझे भी नींद आने लगती है। मैं वहीं स्टूल पर बैठे-बैठे ही ऊंघने लगती हूं। स्वयं को जगाए रखने के लिए मैं एक किताब पढ़ने लगती हूं। किसी तरह मैं वहां बैठी रहती हूं और इस बात का ख्याल रखती हूं कि कोई किसी भी तरह उनके आराम में बाधा न डाले।

2 बजे दोपहर को वे अपने कमरे से निकलते हैं और बाथरूम में चले जाते हैं। मैं उनके लिए चाय तैयार करती हूं। जल्दी ही उनसे व्यक्तिगत रूप से मिलने के लिए लोग आने लगेंगे। मैं कप में चाय डाल रही हूं तो वे मुझ से पूछते हैं, 'तू मेरी सेक्रेटरी बनेगी?' यह मेरी कल्पना से भी परे है और बिना सोचे समझे ही मैं कहती हूं, 'ओशो, मुझे तो खुद ही सेक्रेटरी की जरूरत है।' मेरा उत्तर सुनकर वे हंस पड़ते हैं। मैं उनसे कहती हूं, 'मैं बहुत ही आलसी किस्म की हूं, मैं तो अपना काम भी नहीं संभाल पाती।' वे कहते हैं, 'तेरा आलस्य मेरे आलस्य के मुकाबले कुछ भी नहीं है।' और वे मुझे अपने आलस्य की अनेकों कहानियां सुनाने लगते हैं। मुझे लगता है वे मनगढ़ंत कहानियां सुना रहे हैं। जब यह बात मैं उनसे कहती हूं तो वे कहते हैं, 'नहीं नहीं, ये सब सच्ची घटनाएं हैं।'

एक किस्सा जो मुझे बहुत ही पसंद आता है, वह तब का है जब वे हॉस्टल में रहते थे और अपना बिस्तर उन्होंने दरवाजे के पास ही लगा रखा था। दरवाजा खोलते ही सीधे वे बिस्तर पर कूद जाते थे। उनकी सारी किताबें बिस्तर के नीचे या चारों ओर ही पड़ी रहती थी। बाकी कमरे से उनका कुछ लेना-देना नहीं था।

मुझे उनके आलस्य के किस्से सुनने में मजा आता है, जो कि मुझे अपने आलसी होने के अपराधभाव से मुक्त कर देते हैं।

27

आज भोजन के बाद में उनसे कहती हूं कि वे अपना कमरा भीतर से बंद कर लें क्योंकि मैं भी आराम करना चाहती हूं। वे कहते हैं, 'लोग आकर दरवाजा खटखटाने लगेंगे।' मैं उनसे कहती हूं कि मैं अपार्टमेंट का मुख्य द्वार ही बंद कर रही हूं और साथ ही कॉल बेल भी बंद कर दूंगी। मैं उन्हें आश्वासन देती हूं कि उन्हें किसी तरह की तकलीफ नहीं होगी। मुझे अपने इरादे पर बिलकुल अड़ा हुआ देखकर वे कहते हैं, 'ठीक है, ठीक है, जो चाहे वह कर।' मैं सारी चीजें देख-भालकर अपने कमरे में चली जाती हूं और दोपहर भर मजे से सोती हूं। परमात्मा का धन्यवाद है कि उनके आराम के समय में आकर किसी ने उन्हें परेशान नहीं किया।

दोपहर चाय पीते समय वे मुझे एक कहानी सुनाते हैं जो मैं कभी नहीं भूल सकती, क्योंकि वह मेरी कहानी है।

कहानी है :

'एक गुरु अपने इकलौते शिष्य के साथ जंगल में एक झोंपड़ी में रहता था। वे दोनों ही बड़े आलसी थे। एक रात जब वे दोनों अपने बिस्तरों पर लेटे हुए थे, गुरु शिष्य को कहता है, 'तू बाहर जाकर पता तो लगा कि बारिश हो रही है या नहीं।'

शिष्य अपने बिस्तर से रंचमात्र भी हिले-डुले बिना जवाब देता है, 'बारिश नहीं हो रही क्योंकि अभी-अभी बाहर से एक बिल्ली आई थी और उसको मैंने हाथ लगाकर देखा था, वह गीली नहीं थी।'

गुरु कहता है, 'ठीक है, दरवाजा बंद कर दे और हम सो जाते है।' फिर शिष्य बिना हिले कहता है, 'गुरु जी, दरवाजा बंद करने की क्या जरूरत है? चोरों का तो हमें कोई डर नहीं और खुले दरवाजे से ठंडी हवा का अंदर आना अच्छा लगता है।'

गुरु यह बात मान जाता है और कहता है, 'अच्छा चल दीया तो बुझा दे।'

शिष्य जवाब देता है, 'गुरुजी, दो काम मैंने कर दिए, यह एक काम तो आपको करना चाहिए।'

जिस तरह ओशो कोई भी कहानी सुनाते हैं, व्यक्ति पूरे दृश्य को ऐसे देख सकता है जैसे वह अभी उसके सामने घट रहा हो। और साथ ही कहानी में हमारे लिए कोई सूक्ष्म अर्थ भी निहित रहता है, यदि हम उसे समझ सकें।

यह कहानी सुनकर मुझे शर्म आती है कि अपनी बेहोशी में मैंने क्या किया, लेकिन ओशो कभी किसी को किसी भी चीज के लिए अपराधी महसूस नहीं करने देते।

28

आज ओशो बड़ौदा यूनिवर्सिटी में कॉलेज के विद्यार्थियों को सम्बोधित कर रहे हैं। हजारों विद्यार्थी उनको सुनने के लिए इकट्ठे हुए हैं। हॉल खचाखच भरा हुआ है और उसके सब दरवाजे खुले हुए हैं।

मैं अपना छोटा सा कैसेट रिकार्डर लिए पोडियम पर उनके पीछे-पीछे जाती हूं। जैसे ही हम पोडियम पर पहुंचते हैं हॉल तालियों की गड़गड़ाहट से गूंज उठता है। वातावरण में बहुत उत्साह है। वे 'युवक और यौन' विषय पर बोलने वाले हैं। वे हाथ जोड़कर सबको नमस्कार करते हैं और पद्मासन में बैठकर अपनी आंखें बंद कर लेते हैं। मैं उनके सामने रखे माइक की रॉड पर अपने माइक्रोफोन की तार बांधने की कोशिश करती हूं। कुछ छात्र कागज के तीर बनाकर मेरी ओर फेंकने लगते हैं। मुझे बड़ा अजीब-सा लगता है। किसी तरह, इस सब की उपेक्षा करते हुए मैं अपना टेपरिकार्डर अपने सामने रखकर उनके पास बैठ जाती हूं।

मैं उनकी ओर देखने लगती हूं। कुछ मिनटों में वे अपनी आंखें खोलते हैं और सीधे सामने दरवाजे की ओर देखते हैं। बंबई के कुछ मित्र जिन्हें हॉल में कोई सीट नहीं मिल पाई है, वे वहां खड़े हुए हैं। वे उनके लिए संदेश भिजवाते हैं कि पोडियम पर आकर उनके पीछे बैठ जाएं। ऐसी छोटी-छोटी बातों का वे कितना ख्याल रखते हैं, मैं यह देखकर हैरान हूं। वे मेरी ओर देखकर मुस्कुराते हैं, मैं रिकॉर्डिंग का बटन दबा देती हूं और उनकी मधुर आवाज श्रोताओं को सम्बोधित करती है, 'मेरे प्रिय आत्मन।' हॉल में बिलकुल शांति हो गई है, केवल उनकी आवाज ही गूंज रही है, उन सबकी प्यास को तृप्ति देती हुई जो उन्हें अपने हृदय में ग्रहण करने को तैयार हैं।

29

जिन मित्रों ने बड़ौदा में विभिन्न स्थानों पर उनकी मिटिंगों का आयोजन किया है, वे बड़े विचित्र लोग है। आज शाम ओशो कहीं बोलने वाले हैं, लेकिन ये लोग हमें उस जगह का नाम बताने को तैयार नहीं है। वे लोग ओशो को अकेले ही एक कार में अपने साथ ले जाना चाहते हैं। मैं बहुत नाराज हूं। किसी भी कीमत पर मैं उनके प्रवचन से चूकना नहीं चाहती। दोपहर को मैं ओशो से मिलती हूं और पूछती हूं कि क्या करूं? वे कहते हैं, 'यह तो बहुत ही आसान काम है। बस एक रिक्शा कर ले और उसे मेरी कार के पीछे-पीछे चलने को बोल दें।'

मैं उनको कहती हूं, 'ये लोग हमसे बहुत नाराज लगते हैं, वे हमसे पूछेंगे कि हम उनका पीछा क्यों कर रहे हैं?' ओशो हंसकर कहते हैं, 'तुम उन्हें कह सकती हो कि हम अपने रास्ते जा रहे हैं, आप हमारे आगे-आगे चल रहे हैं। हम क्या कर सकते हैं?'

मुझे यह तरकीब अच्छी लगती है, और यह उपयोगी भी रही। जैसे ही उनकी कार रुकती है, हमारी रिक्शा भी उसके पीछे रुकती है। मैं उतरकर एकदम से ओशो के साथ-साथ चलने लगती हूं और इन मित्रों को कुछ भी कहने का मौका नहीं देती। यहां एक छोटे से हॉल में लॉयन्स क्लब के मेंबर्स की ओर से मीटिंग आयोजित की गई है। आयोजक जो मेरे बाजू में ही बैठे हैं, उनकी उपेक्षा करते हुए मैं अपना रिकार्डर जमाने लगती हूं।

प्रवचन के बाद, यह व्यक्ति उठकर मेरे पास आते हैं और प्रवचन को रिकॉर्ड करने के लिए मुझे धन्यवाद देते हैं। वह मुझसे कार में ओशो के साथ आने को कहते हैं। मैं राहत की सांस लेती हूं और ओशो के पीछे-पीछे उस बच्चे की तरह चलने लगती हूं जिसने कोई लॉटरी जीत ली हो।

30

माउंट आबू के एक शिविर के बाद, जहां ओशो ने पहली बार सक्रिय ध्यान विधि का प्रयोग करवाया, हम अहमदाबाद लौट आए हैं।

वे सक्रिय ध्यान के विषय में लोगों की राय जानने को उत्सुक हैं। मैं जब उन्हें यह बताती हूं कि कुछ मित्र कह रहे थे कि आप उनके दिमाग के पेंच ढीले कर रहे हैं, तो वे हंसकर कहते

हैं, 'नहीं, पेंच ढीले करने में मेरा कोई रस नहीं है, उन्हें तो वे लोग फिर कस लेंगे। मैं तो उनके दिमाग से पेंच ही निकाल लेने की कोशिश कर रहा हूं, क्योंकि उनकी वहां कोई जरूरत नहीं है।' फिर वे बीस मिनट तक हमें समझाते हैं कि सक्रिय ध्यान की पूरी प्रक्रिया मनुष्य के संस्कारित मन को उसके संस्कारों से मुक्त करने की है। वे आगे बताते हैं, 'सक्रिय ध्यान जेट गति से काम करने वाली विधि है। तीन महीने तक रोज एक घंटा इसे करना पूरे कचरे को साफ कर देने के लिए पर्याप्त है।'

31

माउंट आबू का ध्यान शिविर पूर्णिमा की रात को पूरा हुआ। दोपहर को मैं कुछ मित्रों से रात को नौका-विहार के लिए चलने की बात करती हूं। हम सब यह सुझाव लेकर ओशो के पास पहुंचते हैं। जब हम उनसे पूछते हैं, तो वे कहते हैं, 'हम सभी नावें रिजर्व कर लें ओर रात्रि ध्यान के बाद सभी लोग नौका-विहार के लिए चल सकते हैं।'

ध्यान शिविर में भाग ले रहे सभी लोग नौका-विहार की खबर सुनकर बड़े रोमांचित हो जाते हैं। सभी नावें रिजर्व कर ली जाती है। रात्रि ध्यान के बाद सभी लोग झील की ओर ऐसे दौड़ते हैं, जैसे छोटे बच्चे पिकनिक के लिए जा रहे हों। जब ओशो झील पर पहुंचते हैं तो पांच सौ लोग पहले से ही बगीचे में बैठे उनकी प्रतीक्षा कर रहे हैं। सब कुछ बड़ा अस्त-व्यस्त लग रहा है, लेकिन कुछ मिनटों में लोग दोनों ओर लाइनों में खड़े होकर उनके लिए रास्ता बना देते हैं। ओशो कभी अपने लोगों को कोई नियम-अनुशासन नहीं देते, लेकिन उनकी उपस्थिति ही समस्वरता पैदा कर देती है। उनके लोग अपनी समझ से ही उन्हें प्रेम करते हैं और सम्मान देते हैं।

वे हाथ जोड़कर सबको नमस्ते करते हुए झील की ओर बढ़ते हैं। कुछ मित्र उनके साथ ही एक नाव में बैठ जाते हैं और हम बाकी लोग दूसरी नावों में बैठ जाते हैं। सभी नावें नाचते-गाते संन्यासियों से भरी है। मैं आकाश में पूर्णिमा के चांद की ओर देखती हूं और कल्पना करती हूं कि चांद भी नीचे आकर हमारे उत्सव में शामिल होना चाह रहा होगा।

32

भारत भर में भ्रमण करते हुए ओशो जब भी पूना में होते हैं तो वे सोहन के घर रुकना पसंद करते हैं। मैं उनके साथ सोहन के घर पर रहने के सुअवसर को कभी खोना नहीं चाहती। सोहन, ओशो व उनके लोगों के प्रेम में दीवानी है। जब ओशो उसके घर में रुके होते हैं तो उसका घर तीर्थ बन जाता है। सैकड़ों लोग रोज वहां आते हैं और वह सबका इतना प्रेम और स्नेह से स्वागत सत्कार करती है कि लोग अपने आनंद के आंसुओं को रोक नहीं पाते। दोपहर का समय तो किसी बड़ी दावत जैसा लगता है। हर आने वाले को नमकीन-मिठाई और चाय दी जाती है। ओशो भी अपने कमरे से निकलकर लिविंग रूम में सोफे पर बहुत से मित्रों से घिरे हुए बैठ जाते हैं। उनकी उपस्थिति और अदृश्य सुगंध पूरे वातावरण में बहुत सघन होती है।

उनके इर्द-गिर्द हमेशा ही बड़ी हंसी-खुशी होती है। उन्हें बच्चों को छेड़ना अच्छा लगता है। उनसे कोई भी प्रश्न क्यों न पूछा जाए, प्रश्न छोटे बीज सा ही क्यों न हो, उनके मौन से उसका उत्तर एक विशाल वृक्ष के जैसा आता है। उनकी आवाज इतनी सुरीली और शान्तिप्रद है कि मैं उनके शब्दों को तो सुनने की खास परवाह ही नहीं करती। उनके शब्द मुझे उनके भीतर की नितांत शून्यता से जोड़ने वाले सेतु का काम करते हैं। कई बार मैं उनको ऐसे महसूस करती हूं जैसे किन्हीं अदृश्य हाथों से कोई बांसुरी बजाई जा रही हो। उनकी गहराई और उनकी ऊंचाई हमारी पहुंच के बाहर है। वे खुले आकाश में अकेले एक चील की तरह उड़ रहे हैं और हम जमीन पर कीड़े-मकोड़ों की तरह रेंगते हुए उनकी ओर देखकर सहायता के लिए चिल्ला रहे हैं। वे अद्‌भुत हैं, बिना कोई शब्द कहे ही वे उन दिलों की दास्तां सुन लेते हैं जो उनके लिए अभीप्सा से भरे हैं, और इन दिलों को जीवन के अपने शाश्वत झरनों से प्यास बुझाने देते हैं।

धन्यवाद प्यारे सद्‌गुरु! मेरे लिए तो आप सम्पूर्ण खिले सहस्त्रदल कमल के फूल हैं। मैं तो आपकी उपस्थिति में आनंदित होने, नाचने व गाने के सिवाय और कुछ नहीं कर सकती।

33

मैं ओशो के साथ सोहन के घर ठहरी हुई हूं। ओशो हमारे साथ डाइनिंग टेबल पर बैठकर भोजन लेना पसंद करते हैं। सोहन सच ही बहुत बढ़िया खाना बनाती है। सुबह के प्रवचन के बाद हम लोग 10:15 बजे के करीब घर पहुंचते हैं। एक ही घंटे में सोहन बहुत सारे स्वादिष्ट व्यंजनों के साथ भोजन तैयार कर लेती है। 11:30 बजे तक हम सभी लोग बीच में फूलों से सजी बड़ी सी डाइनिंग टेबल के इर्द-गिर्द बैठ जाते हैं। हर भोजन बड़ी दावत जैसा होता है। ओशो खाना खाते समय चुटकुले सुनाना पसंद करते हैं और अपने चारों ओर हंसी बिखेर देते हैं।

आज इतने सारे व्यंजन हैं कि समझ ही नहीं आ रहा कहां से शुरू करें। सोहन ओशो के पास खड़ी हुई है और अलग-अलग डोंगों से चीजें निकालकर उन्हें परोसने लगती है। ओशो अपने मनपसंद भोजन की प्रशंसा करने में कभी कोई कंजूसी नहीं करते। आज, उन्हें दही-बड़े बहुत अच्छे लगते हैं। वे सोहन को कहते हैं, 'सोहन, दही-बड़े बहुत ही स्वादिष्ट हैं।' सोहन कहती है, 'इसका मतलब है बाकी की चीजें स्वादिष्ट नहीं है।' ओशो हैरानी से सोहन की ओर देखते हैं और कहते हैं, 'नहीं नहीं, मेरा यह मतलब नहीं है। मैं तुझे एक कहानी सुनाता हूं ताकि तू समझ सके कि मेरा क्या मतलब है।'

फिर वे यह कहानी सुनाते हैं :

मुल्ला नसीरुद्दीन दो सुंदर स्त्रियों के प्रेम में था। वह दोनों से अलग-अलग कहा करता था, तुम सबसे सुंदर हो। एक दिन दोनों स्त्रियों का आपस में मिलना हो जाता है और उन्हें पता लगता है कि वह उन दोनों से एक ही बात कह रहा है। वे दोनों इकट्ठी मुल्ला के पास जाती हैं और कहती हैं, 'अब हमें सच-सच बताओ, हम दोनों में से सुंदर कौन है?' मुल्ला एक क्षण के लिए सोचकर कहता है, 'तुम दोनों ही एक-दूसरे से बढ़कर सुंदर हो।'

हम सब हंसते-हंसते लोटपोट हो जाते हैं और ओशो कहते हैं, 'सोहन तेरे सारे पकवान एक से बढ़कर एक हैं।' सोहन को अब बात समझ आ जाती है और वह भी हंसने लगती है।

34

ओशो पूना में सोहन के घर पर ठहरे हुए हैं और रात के भोजन के बाद एक एयरकंडीशंड कमरे में आराम कर रहे हैं। मैं उनके चरणों के पास बैठी हुई हूं और अचानक उनके पांव दबाने की मेरी बड़ी प्रबल इच्छा जागती है। मैं उनसे पूछती हूं और वे हामी भर देते हैं। जैसे ही मैं उनके दाएं पांव के तलुए को दबाने लगती हूं, वे कहते हैं, 'हर शिष्य पैर से शुरु करता है और अंततः गले तक पहुंच जाता है।' यह सुनकर मैं एकदम से उनके पांव दबाना बंद कर देती हूं। वे हंसकर कहते हैं, 'यह मैंने तुझे नहीं कहा।' मैं बेहोशी में प्रतिक्रिया करते हुए कहती हूं, 'यहां और कोई तो है ही नहीं।' वे कहते हैं, 'सच तो यह है कि, मुझे पांव दबवाना अच्छा नहीं लगता। जब मैं आराम कर रहा होता हूं तो इससे मुझे तकलीफ होती है।' मैं उनकी बात समझ जाती हूं और उनसे क्षमा मांगती हूं। वे हंसकर मुझे कहते हैं, 'तुम गैर गंभीर होना कब सीखोगी?' यह कहकर वे अपनी आंखें बंद कर लेते हैं और मैं उनके कथन पर गंभीरता से विचार करते हुए कमरे में से बाहर निकल आती हूं।

35

ओशो पूना में सोहन के घर ठहरे हुए हैं। दोपहर को कोई कहता है, 'आज पूर्णिमा है।' मैं जानती हूं कि ओशो पूर्णिमा को नौका-विहार के लिए जाना पसंद करते हैं, इस बारे में मैं उनसे पूछती हूं। वे सहमत हो जाते हैं और सोहन के पति बाफना जी, जो कि बोट क्लब के सदस्य हैं, कहते हैं कि एक बड़ी नाव बुक कर लें और अन्य मित्रों को भी आमंत्रित कर लें, क्योंकि ओशो आनंद व उत्सव के अवसरों को मित्रों के साथ बांटना पसंद करते हैं।

रात भोजन के बाद हम सभी बोट क्लब जाते हैं जहां एक बड़ी सी नाव हमारे लिए तैयार खड़ी है। कुल मिलाकर करीब बीस लोग नाव में ओशो के साथ बैठे हैं। आज की रात जादुई है। एक चांद आकाश में है और एक चांद मनुष्य के रूप में हम सबके बीच बैठा हंस और बोल रहा है। मेरा ह्रदय खुशी से नाच रहा है। मैं धन्यभागी हूं कि अपनी ओर से बिना कुछ किए ऐसे अपूर्व अवसर मुझे मिल रहे हैं।

ओशो सोहन से एक गीत गाने को कहते हैं, लेकिन वह इतने सारे लोगों के बीच गाने में शर्मा रही है। ओशो बताते हैं कि कैसे संगीत मौन को और गहरा सकता है। उनको सुनना मधुर संगीत को सुनने के समान है। कुछ देर को सभी लोग मौन हो जाते हैं। मैं दूर वृक्षों से आती हुई झींगुरों की आवाज को सुन रही हूं।

नदी का पानी धीरे-धीरे नीचे की ओर बहती, पिघलती चांदी जैसा चमकीला लग रहा है। मैं ओशो को निहारती हूं, वे आंखें बंद किए अपनी पूरी शान के साथ बैठे हैं। नाव में एक तिलस्मी-सी मौजूदगी है जो मुझे 'नू' की नाव की याद दिलाती है।

हम एक घंटे तक नौका-विहार करते हैं और फिर 10:30 बजे तक घर लौट आते हैं।

36

सुबह पूना से बंबई जाने वाली गाड़ी 'डेकन क्वीन' पर दो फर्स्ट क्लास की टिकटें बुक की गई हैं। मैं बहुत उत्साहित हूं और गाड़ी में साढ़े तीन घंटे तक ओशो के साथ बैठने की राह देख रही हूं। सोहन हमें गाड़ी में खाने के लिए कुछ नाश्ता बनाकर देना चाहती है, पर ओशो उसे कहते हैं कि, 'वह इस सबकी चिंता में न पड़े।'

हम लोग 7 बजे तक प्लेटफार्म पर पहुंच जाते हैं। करीब बीस मित्र उन्हें विदा देने आए हैं। हमेशा की तरह सोहन की आंखें आंसुओं से भरी हुई हैं और नल की तरह बह रही हैं। ओशो उसकी ओर देखकर मुस्कुराते हैं। जवाब में वह भी मुस्कुराती है और फिर रोने लगती है। मैं उसके हृदय को जुदाई की पीड़ा से जलता हुआ महसूस कर सकती हूं। ओशो उसके पति से कहते हैं, 'बाफना जी, सोहन के साथ नारगोल के अगले शिविर में आइए।' सोहन ओशो के पास आती है और झुककर उनके पांव छूती है। वे अपना दायां हाथ उसके सिर पर रख देते हैं। वह अभी भी रो रही है। ओशो अपने हाथ से उसके सिर को थपथपाते हैं और धीरे से उसे पुकारते हैं, 'सोहन'। सोहन ऊपर देखती है और ओशो उसका हाथ पकड़कर उसे उठाते हैं और पूछते हैं, 'क्या तू नारगोल के शिविर में आ सकेगी?' वह बोल नहीं पाती, सिर्फ अपना सिर सहमति में हिला देती है। ओशो कहते हैं, 'यह अच्छा है।' वे गाड़ी की सीढ़ियों पर खड़े होकर सबको नमस्ते करते हैं और धीरे-धीरे गाड़ी उनके प्रेमियों की नजरों से ओझल हो जाती है।

37

ओशो खिड़की के पास वाली सीट पर बैठ जाते हैं और मैं उनके बाजू में बैठ जाती हूं। वे मुझे कहते हैं कि उन्हें आराम करना है और मैं इस बात का ध्यान रखूं कि कोई उन्हें परेशान न करे। मैं स्वीकृति में अपना सिर हिलाती हूं और वे अपनी आंखें बंद कर लेते हैं।

कोई आधे घंटे के बाद चाय और टोस्ट का हमारा नाश्ता आ जाता है। मैं ट्रे को आगे की सीट से लगे हुए छोटे से शेल्फ पर रख देती हूं। मैं उलझन में हूं कि उन्हें जगाऊं या नहीं। मैं चुपचाप उनकी ओर देखती हूं और हैरान रह जाती हूं कि वे अपनी आंखे खोलते हैं और मुस्कुराने लगते हैं। मुझे विश्वास ही नहीं होता कि एकाएक वे कैसे यूं उठ गये हैं। ऐसा लग रहा था कि जैसे वे गहरी नींद सो रहे हों। बिना कुछ बोले वे अपने सामने का शेल्फ खोलते हैं और मैं उनकी ट्रे उस पर रख देती हूं। वे चाय और टोस्ट इतने मजे से खाने लगते हैं जैसे कि सर्वाधिक स्वादिष्ट नाश्ता हो वह। मैं उनसे कहती हूं, 'चाय बहुत ठंडी है, यह आप न पिएं। मैं ताजी गर्म चाय मंगवाती हूं।' वे कहते हैं, 'चिंता मत कर यह ठीक है।' हैरानी की बात, कि कुछ ही क्षणों में वेटर ताजी गर्म चाय की केतली लिए दौड़ा हुआ आता है और कहता है, 'यह ताजी चाय लीजिए और पहले वाली लौटा दीजिए।' ओशो वेटर को देखकर मुस्कुराते हैं और उसे धन्यवाद देते हैं। मैं ओशो के लिए ताजी गर्म चाय डालने लगती हूं तो ओशो कहते हैं, 'बस थोड़े से धैर्य की जरूरत होती है।'

अपनी चाय पी चुकने के बाद, वे अपनी घड़ी की ओर देखते हैं और फिर अपनी आंखें बंद कर लेते हैं।

38

मैं खिड़की से बाहर देखती हूं, गाड़ी खंडाला से गुजर रही है। बाहर पहाड़ियों से घिरे हरे-भरे खेतों का बड़ा सुंदर सा दृश्य है, और बादल नीचे घाटियों में तैर रहे हैं। सारा दृश्य बड़ा ज़ादुई लग रहा है। इस सबसे मेरा ध्यान एक आदमी की आवाज से भंग होता है जो मेरे पास ही खड़ा मुझे मेरे नाम से बुला रहा है। मुझे हैरान देखकर वह अपना परिचय देता है कि वह मुझे सोहन के घर पर मिल चुका है और इस गाड़ी से खासकर इसीलिए यात्रा कर रहा है कि

वह ओशो से कुछ बात करना चाहता है।

मैं उसे थोड़ी देर बाद आने को कहती हूं। मैं ओशो की ओर देखती हूं, वे उसी तरह अपनी आंखें बंद किए किसी संगमरमर की मूर्ति की तरह बैठे हुए हैं। गाड़ी में काफी शोरगुल है, लेकिन ओशो बाहरी जगत से बिल्कुल असंयुक्त से लग रहे हैं और यहां मैं हूं, कि उनके बाजू में बैठी हुई भी अकारण ही बेचैन होने लगी हूं। मैं अपने बेचैन मन को देखती हूं और शांत होने का प्रयास करती हूं। अपने को व्यस्त रखने के लिए मैं अखबार पढ़ना शुरू कर देती हूं।

गाड़ी कर्जत स्टेशन पर रुकती है और कुछ फेरीवाले भीतर घुस आते हैं। बहुत शोर हो रहा है, लेकिन ओशो आंखें बंद किए बिल्कुल अविचल बैठे हैं। यह व्यक्ति दोबारा आता है, परन्तु ओशो को आंखें बंद किए देख, वापस लौट जाता है।

उसके जाने के बाद ओशो अपनी आंखें खोलते हैं और घड़ी की ओर देखते हैं। मैं उनसे पूछती हूं कि क्या वे सोडा पीना पसंद करेंगे। वे बस सहजता से स्वीकृति में सिर हिला देते हैं। मैं उनके लिए सोडा ले आती हूं, जो वे जरा सा पीकर मुझे वापस लौटा देते हैं। मैं उन्हें इस व्यक्ति के बारे में बताती हूं तो वे कहते हैं, 'हां, मुझे पता है वह इस गाड़ी से सफर कर रहा है। जब वह दोबारा आए तो तू उसे मुझसे बात करने के लिए दस मिनट अपनी सीट पर बैठने देना।' फिर वे मुझसे पूछते हैं, 'तू कैसी है? सफर में तुझे अच्छा लग रहा है?' मैं बेझिझक उन्हें बताती हूं कि मैं कितनी बेचैन महसूस कर रही थी और कैसे अखबार लेकर पढ़ने लगी थी।

ओशो कहते हैं, 'तुझे कम से कम एक घंटा रोज शांत बैठकर अपने विचारों को देखते हुए ध्यान करना चाहिए।' मैं उन्हें बताती हूं, 'मैं बिना किसी स्पष्ट कारण के ही व्यग्र हो जाती हूं।' वे कहते हैं, 'अपेक्षा व्यग्रता लाती है। अपेक्षा मत कर बल्कि स्वीकार कर। जैसी है, स्वयं को वैसी ही स्वीकार कर। अपने होने में ही विश्रांत हो जा, यही ध्यान है।' मुझे गंभीर देखकर वे हंसते हैं और कहते हैं, 'अब ध्यान के बारे में गंभीर मत हो। हर चीज को स्वीकार करना और उसका आनंद लेना सीख। और अगली बार जब मैं आऊं तो मुझे सब बताना।'

मैं उनका हाथ अपने हाथों में लेकर अनुग्रह और अहोभाव से चूमती हूं। हम राई का पहाड़ बना लेते हैं और उनके पास पूरे पहाड़ को धवस्त कर देने की कला है, राई तक नहीं बचती।

मैं उनसे पूछती हूं कि वे और सोडा पिएंगे तो वे कहते हैं, 'तू इसे खतम कर दे।'

वे अपनी आंखें फिर से बंद कर लेते हैं और मैं उनकी बोतल में से सोडा पीने का मजा लेने लगती हूं।

39

गाड़ी अब कल्याण स्टेशन से गुजर रही है और वह व्यक्ति दोबारा आया है। मैं सीट से उठ खड़ी होती हूं और उसे वहां बैठने को कहती हूं। वह मुझे अपना सीट नंबर देता है। जहां जाकर मैं बैठ सकती हूं।

मैं कुछ मिनट वहां खड़ी रहती हूं। ओशो आंखें खोलते हैं और उस व्यक्ति का हाथ अपने हाथों में लेकर उसका स्वागत करते हैं। मैं अपनी घड़ी की ओर देखकर समय नोट कर लेती हूं। मैं जैसे ही सीट से दूर जाने लगती हूं, मुझे लगता है मैं एक अलग संसार में प्रवेश कर रही हूं। पूरी गाड़ी की तरंगें व ऊर्जा उस जगह से बिल्कुल ही अलग है, जहां मैं बैठी हुई थी। यदि मैं सारा समय ओशो के पास बैठी रहती तो मुझे यह कभी पता ही न चल पाता। मैं उस व्यक्ति की सीट पर जाकर आंखें बंद करके बैठ जाती हूं। बाहर बहुत शोर है, लेकिन मुझे लगता है कि जैसे सारी आवाजें कहीं बहुत दूर से आ रही है। मैं एक तंद्रा जैसी स्थिति में हूं। अचानक, मेरे बाजू में खिड़की वाली सीट पर बैठा हुआ व्यक्ति बाहर निकलने की कोशिश करता है और उसका पैर मेरे पैर पर पड़ जाता है। मैं झटके से चौंककर उठती हूं और अपनी घड़ी की ओर देखती हूं। ठीक दस मिनट हो चुके हैं। मैं उठकर जल्दी से अपनी सीट की ओर आती हूं। ओशो उस व्यक्ति से बात कर रहे हैं, और मुझे आता हुआ देखकर मेरी ओर मुस्कुराते हैं। मैं पास आकर खड़ी हो जाती हूं और कुछेक मिनट प्रतीक्षा करती हूं। जब वह व्यक्ति चला जाता है तो मैं ओशो को उस व्यक्ति के बारे में बताती हूं, जिसका पांव पड़ने से मेरी नींद खुली। ओशो हंसकर कहते हैं, 'आस्तित्व बड़े चमत्कारपूर्ण ढंग से काम करता है।'

40

ओशो माथेरान में एक ध्यान शिविर ले रहे हैं। लगभग पांच सौ लोग ध्यान शिविर में हिस्सा ले रहे हैं। वे रग्बी होटल में ठहरे हैं, जहां बीचों-बीच खुले मैदान में शिविर का आयोजन किया गया है।

एक कुत्ता रोज नियमित रूप से आकर पोडियम के पास बैठ जाता है, जहां से ओशो प्रवचन करते हैं। मैं रोज उसको देखती हूं, वह रोज थोड़ा जल्दी आकर पोडियम के पास ही

अपनी जगह बना लेता है। वह किसी बड़े ध्यानी की तरह रोज एक ही जगह पर बैठता है और जब ओशो बोलते हैं तो एकदम चौकन्ना होकर वह उन्हें सुनता है।

जब ओशो आकर सबको नमस्ते करते हैं तो वह अपनी गर्दन उठाकर ओशो की ओर देखता है और ओशो उसे देखकर मुस्कुराते हैं। यह केवल तीन दिन का कैंप है। ओशो के साथ समय बहुत तेजी से गुजरता है। आज चतुर्थ दिन की सुबह है। ओशो बंबई जाने के लिए रेवले प्लेटफार्म पर खड़े हुए हैं। अनेक मित्र स्टेशन पर उन्हें विदा देने के लिए आए हुए हैं। मैं इस कुत्ते को ओशो के पास खड़ा देखकर हैरान होती हूं। ओशो कुत्ते की ओर इतने प्रेम से देखते हैं कि वह अपनी पूंछ हिलाने लगता है।

कुछ ही मिनटों में माथेरान से नेरल के बीच चलने वाली छोटी गाड़ी छूटने को है। ओशो सबको नमस्ते करके गाड़ी में चढ़ जाते हैं। गाड़ी धीरे-धीरे चलनी शुरू हो जाती है। प्रत्येक व्यक्ति पीछे छूटता जाता है किन्तु वह कुत्ता गाड़ी के साथ-साथ तेजी से दौड़ने लगता है। ओशो उसको दौड़ता हुआ देख रहे हैं। वे अपने हाथ के संकेत से उसे आशीर्वाद देते हैं और रुकने का इशारा करते हैं।

कुत्ता रुक जाता है और ओशो की ओर देखने लगता है। मैं स्वयं को अपना हाथ हिलाकर उसे अलविदा देने से नहीं रोक पाती। ओशो कहते हैं, 'यह कुत्ता बहुत विकसित आत्मा है।'

41

अट्ठारह दिन के लिए कश्मीर में 'महावीर' पर एक प्रवचन माला आयोजित की गई है।

ओशो जबलपुर से दिल्ली गाड़ी में आएंगे और फिर दिल्ली से श्रीनगर प्लेन द्वारा रवाना होंगे। बंबई से हम कोई तीस मित्र हैं जो उन्हें वहां मिलेंगे, इसके अलावा दिल्ली से बीस और मित्रों का ग्रुप श्रीनगर आ रहा है।

श्रीनगर में डल झील के पास छोटी सी पहाड़ी पर बनी कॉटेजेज़ 'चश्मे-शाही' में पूरे ग्रुप के ठहरने की व्यवस्था की गई है। बंबई का ग्रुप वहां अपेक्षाकृत पहले पहुंच जाता है और हमें अपनी-अपनी कॉटेज का चुनाव करने का अवसर मिल जाता है। यह बहुत ही सुंदर स्थान है। मैं चारों ओर घूमकर ऐसी कॉटेज खोजने लगती हूं, जिसमें से सबसे सुंदर दृश्य दिखाई देता हो।

हर कॉटेज में दो बैडरूम, एक बाथरूम और एक बड़ा सा लिविंग रूम है।

मैं आखिरी किनारे की कॉटेज चुनती हूं। इसमें पीछे की ओर एक खुला बरामदा है। यहां से चारों ओर का दृश्य भी सबसे सुहावना दिखाई पड़ता है। एक तरफ झील है और दूसरी ओर पहाड़ों से घिरे बड़े-बड़े खेत। मैं सोचती हूं यह जगह ओशो के लिए बहुत अच्छी रहेगी, यहां वे आराम से बैठकर बिना किसी व्यवधान के, प्रकृति का मजा ले सकते हैं। मैं बाथरूम चेक करती हूं, टॉयलेट फ्लश करके देखती हूं और देखती हूं कि गर्म पानी आ रहा है या नहीं। सब कुछ ठीक पाकर मेरी मित्र शीलू और मैं इस कॉटेज के एक कमरे में रुक जाते हैं, इस खयाल के साथ कि जब ओशो आएंगे तो हम यह कमरा खाली कर देंगे। दूसरे कमरे में बंबई के एक दंपति आ गए हैं।

दिल्ली के मित्र भी पहुंच गए हैं। सभी खुश नजर आ रहे हैं। ओशो के साथ लगातार अट्ठारह दिन तक रहने का यह बड़ा अपूर्व अवसर है। दो कारें ओशो को लेने एयरपोर्ट गई हुई हैं। बंबई से हमारे साथ एक रसोइया भी आया है, जो एक हट में रसोई का सामान जमा रहा है।

दोपहर 2 बजे ओशो दिल्ली के एक मित्र की कार में क्रांति के साथ पहुंचते हैं। वे यात्रा से बड़े थके हुए लग रहे हैं, लेकिन फिर भी बिना जल्दबाजी के एक-एक व्यक्ति से मिल रहे हैं। दिल्ली के मित्र ओशो को एक कॉटेज में आंत्रित करते हैं, जो उन्होंने उनके लिए आरक्षित की हुई है। मैं चुपचाप उनके पीछे-पीछे चलने लगती हूं। मुझे लगता है कि ओशो में कोई चुंबकीय ऊर्जा है जो मुझे सदा उनकी ओर खींचती है। जब भी मैं उनके ऊर्जा-क्षेत्र में प्रवेश करती हूं, मैं शिथिल और शांत हो जाती हूं। वे कॉटेज में प्रवेश करते हैं और चारों ओर देखकर मुझे बाथरूम चेक करने को कहते हैं। मैं बाथरूम में जाती हूं और यह पाकर बहुत खुश हो जाती हूं कि वहां गर्म पानी नहीं आ रहा है। वापस आकर मैं उन्हें यह सुझाव देती हूं कि मैंने जो कॉटेज चुनकर रखी है, वे चलकर एक बार उसे देख भी लें और वहां स्नान भी कर लें। दिल्ली के मित्र मुझसे नाराज हो जाते हैं, लेकिन मैं तो सिर्फ ओशो की सुविधा का ख्याल कर रही हूं। मैं उन मित्रों की उपेक्षा करती हूं। ओशो सहमत हो जाते हैं और मैं उन्हें उस कॉटेज में ले जाती हूं जो मैंने चुनकर रखी है। काफी गर्मी है और हमें कोई पांच मिनट धूप में चलना है। वे अपना सिर एक नेपकिन से ढक लेते हैं। मैं अपने पर गर्व महसूस करती हुई उनके साथ-साथ चल रही हूं। वे मुझसे कहते हैं, 'एयरपोर्ट पर दो कारें देखकर ही मैं समझ गया था कि बंबई और दिल्ली के मित्रों में यह झंझट तो होने ही वाली है।' हम कॉटेज पर पहुंच जाते हैं। वे चारों ओर नजर दौड़ाते हैं, पीछे का बरामदा देखते हैं और फिर मेरी ओर देखकर मुस्कुरा देते हैं। हम कमरे में वापस आते हैं, जहां आकर वे बिस्तर पर बैठ जाते हैं और कहते हैं, 'मैं यहीं

ठहरूंगा।' मैं तो यह सुनकर फूली नहीं समाती। किसी को उनका सूटकेस लाने के लिए भेज दिया जाता है। इस बीच मैं अपना सूटकेस बिस्तर के नीचे से निकालकर लिविंगरूम में ले जाती हूं। वे मुझसे पूछते हैं, 'तू कहां ठहरेगी?' मैं कहती हूं, 'ओशो, मुझे पता नहीं। मैं किसी दूसरी कॉटेज में चली जाऊंगी।'

वे मुस्कुराकर कहते हैं, 'कहीं और जाने की जरूरत नहीं है। तू लिविंगरूम में रह सकती है।' ओशो की ओर से प्रेम के इस अप्रत्याशित उपहार के मिलने पर मैं तो विश्वास ही नहीं कर पाती। मेरा हृदय आनंद से नाचने लगता है और अहोभाव से आंसू बहने लगते हैं। मैं उनके चरण छूती हूं और वे अपना हाथ मेरे सिर पर रखकर कहते हैं, 'बहुत बढ़िया।'

42

ओशो रोज सुबह और शाम अपनी कॉटज के लिविंगरूम में ही प्रवचन करने का निर्णय करते हैं, क्योंकि वहां एक ही बाथरूम है इसलिए मैं सुबह जल्दी उठकर नहा लेती हूं और फिर बाथरूम उनके लिए तैयार कर देती हूं। लिविंगरूम में मैंने फर्श पर एक गद्दा बिछा रखा है, जिस पर रात को मैं सो जाती हूं और सुबह उसे मोड़कर और एक सफेद चादर से ढककर उस पर कुछ तकिए रख देती हूं ताकि एक आरामदेह आसन बन जाए, जिस पर बैठकर ओशो प्रवचन दे सकें। प्रवचन के दौरान मैं अपना कैसेट रिकार्डर लेकर उनके पास ही बैठ जाती हूं। मित्रों को प्रवचन के दौरान प्रश्न पूछने की इजाजत है। यह प्रवचन से अधिक अंतरंग वार्तालाप जैसा है। हर रोज वे हमें अस्तित्व के गहन रहस्यों में गहरा ले जा रहे हैं। मैं उनको सुन भी रही हूं और साथ ही साथ रिकॉर्डिंग इंडिकेटर की सुइयों को भी देख रही हूं जिससे मुझे वॉल्युम का पता चल रहा है। जब टेप की एक साइड खतम होने को होती है, तो मैं धीरे से स्टॉप का बटन दबा कर उसे पलटती हूं और देखती हूं कि ओशो तब तक के लिए रुक गए हैं, जब तक कि रिकॉर्डर फिर से चालू नहीं हो जाता।

जिस तरह वे हर छोटी-छोटी चीज का ख्याल रखते हैं, उसकी मैं बहुत कायल हूं। सुबह वे मुझसे पूछते हैं कि मुझे रात को ठीक से नींद आई या नहीं? मुझे उनके प्रति अपना अहोभाव व्यक्त करने के लिए कोई शब्द नहीं मिलते, कि वे मुझे रोज उसी गद्दे पर सोने की इजाज़त देते हैं, जिस पर वे सुबह-शाम दो-दो घंटे के लिए बैठते हैं।

43

बंबई के व दिल्ली के मित्रों की दो अलग-अलग रसोइयां हैं। बंबई के मित्रों का रसोइया गुजराती भोजन तैयार करता है और दिल्ली के मित्र पंजाबी भोजन तैयार करवाते हैं, दोनों ही भोजन अलग-अलग किस्म के हैं। दोनों ही चाहते हैं कि ओशो उनका भोजन खाएं। तो अंततः यह तय होता है कि ओशो सुबह का भोजन दिल्ली के मित्रों के साथ करेंगे और रात का भोजन बंबई के मित्रों के साथ। मुझे मित्रों की मूढ़ता व दुराग्रह पर बहुत गुस्सा आता है। लोग ओशो के साथ ऐसा बेहोशी का व्यवहार कर रहे हैं। ये दो किस्म के भोजन किसी को भी बीमार कर सकते हैं।

सुबह के प्रवचन के बाद, 11:30 बजे ओशो को उस कॉटेज तक जाने के लिए पांच मिनट धूप में चलना पड़ता है, जहां उन्हें भोजन करने के लिए जाना होता है। उनके पीछे चलने में मुझे हमेशा ऐसा लगता है, जैसे मैं बुद्ध के पीछे-पीछे चल रही हूं। मैं क्रांति को यह बताती हूं और हम दोनों थियोसॉफिकल सोसोइटी द्वारा जे. कृष्णमूर्ति पर किए गए प्रयोग की चर्चा करते हैं। हम दोनों इस बात पर एकमत होती हैं कि बुद्ध की आत्मा ने ओशो के शरीर को माध्यम के रूप में चुना है।

ओशो की करुणा अपार है। उनका स्वीकार भाव असीम है। वे प्रत्येक परिस्थिति को इतनी सहजता से स्वीकार कर लेते हैं कि शायद ही कोई उनकी सुख-सुविधा का सही-सही अंदाज लगा पाता हो। भोजन के बाद कॉटेज की ओर आते हुए मैं उनसे इस बारे में बात करती हूं। वे बस हंस देते हैं और मुझसे ऐसी छोटी-छोटी बातों के प्रति गंभीर न होने के लिए कहते हैं।

44

आज लक्ष्मी ने डल झील में नौका विहार के लिए इंतजाम किया है। ओशो, क्रांति, शीलू और मैं झील पर पहुंचते हैं। वहां पर लक्ष्मी हमारा इंतजार कर रही है। एक शिकारा लंबी-सी मोटी रस्सी के साथ एक मोटरबोट से बांधा गया है। लक्ष्मी, शीलू और मैं मोटरबोट में बैठ जाते हैं और ओशो क्रांति के साथ शिकारे में बैठते हैं।

मोटरबोट को एक मुस्लिम युवक चला रहा है, जो अपने मुसाफिरों को देखकर काफी खुश है। शिकारे को खींचती हुई, मोटरबोट तेजी से चल रही है।

थोड़ी देर बाद क्रांति की आवाज सुनाई देती है, जो हमें रुकने को बोल रही है। मोटरबोट रुक जाती है और वह मुस्लिम लड़का शिकारे की रस्सी खींचने लगता है। जैसे ही शिकारा हमारी मोटरबोट के नजदीक पहुंचता है, हमें आश्चर्य में डालते हुए ओशो मोटरबोट में कूदकर आ जाते हैं। शीलू शिकारे में जाकर क्रांति के साथ बैठ जाती है।

ओशो ड्राइवर से कहते हैं कि बोट को वे स्वयं चलाना चाहते हैं। ड्राइवर सीट खाली कर देता है, ओशो वहां बैठ जाते हैं, और बोट चल पड़ती है। ओशो बोट को इतनी तीव्र गति से आड़ा-तिरछा चलाते हैं कि रस्सी की गांठ खुल जाती है और शिकारा पीछे छूट जाता है। मुझे क्रांति की जोर- जोर से पुकारने की आवाज सुनाई देती है, 'भैया, भैया' लेकिन 'भैया' उसकी एक नहीं सुनते।

मैं अपनी सांस थामकर बैठी हुई हूं, बोट किसी भी क्षण उलट सकती है। पूरी झील में उथल- पुथल मची हुई है। मैं लक्ष्मी की ओर देखती हूं, और वह मेरी ओर देखकर मुस्कुरा देती है।

मैं सोचती हूं कि ओशो हमें खतरे में होने का अनुभव देने के लिए और हमारे मृत्यु के भय को ऊपर लाने के लिए साभिप्राय ऐसा कर रहे हैं। मुझे पक्का विश्वास है कि मैं किसी भी क्षण डूबने वाली हूं। असहाय महसूस करते हुए मैं आंखें मूंद लेती हूं।

अंततः नाव की रफ्तार धीमी पड़ गई है और वह किनारे पर पहुंचती है। मैं एक गहरी सांस लेती हूं और पाती हूं कि मैं अभी भी जीवित हूं। ओशो अपनी शरारत भरी मुस्कुराहट से हमारी ओर देखते हैं।

45

श्रीनगर में एक सप्ताह रुकने के बाद पहलगाम चलना निश्चित होता है। पहलगाम चारों ओर पर्वतों से घिरी, कश्मीर की सर्वाधिक सुंदर घाटी है। मैं कुछ मित्रों के साथ, पहाड़ी रास्ते से घोड़े पर बैठकर पहलगाम जाने का निश्चय करती हूं।

ओशो कार से वहां पहुंचेंगे। घोड़े से वहां की बड़ी कठिन यात्रा है, खासकर जब किसी को घुड़सवारी न आती हो। किसी तरह, थककर चूर हम पहलगाम पहुंचते हैं। कुछ मित्र जो पहले से ही वहां पहुंच गए हैं, वे हमारा इंतजार कर रहे हैं। ओशो भी पहुंच चुके हैं। मुझे एक

मित्र उस कॉटेज में ले जाते हैं, जहां ओशो कुछ मित्रों के साथ बरामदे में बैठे हुए हैं। मैं उनके चरण स्पर्श करके पास ही नीचे फर्श पर बैठ जाती हूं। उन्हें हमारी घुड़यात्रा के किस्से सुनने में बड़ा मंजा आता है।

कुछ ही मिनटों में क्रांति कमरे से बाहर निकली है और मुझे अपने साथ आने का इशारा करती है। मैं उठकर उसके साथ चल पड़ती हूं, वह मुझे ले जाकर पूरी कॉटेज दिखाती है। इसमें बाथरूम के साथ केवल एक ही बैडरूम है, एक छोटा-सा डाइनिंग रूम है और एक अच्छा बड़ा लिविंगरूम है। कॉटेज के पिछवाड़े में एक छोटा-सा कमरा है, जो एक छोटी-सी पगडंडी द्वारा कॉटेज से जुड़ा हुआ है। मैं कमरे में झांककर देखती हूं। वहां दीवार के साथ-साथ दो सिंगल बैड लगे हुए हैं। एक बड़ी-सी खिड़की है, जो पहाड़ों की ओर खुलती है। काफी साफ-सुथरा कमरा है और उसके बाहर एक बाथरूम भी है। क्रांति मुझसे पूछती है क्या मैं उस कमरे में रहना चाहूंगी? मैं बिना किसी हिचकिचाहट से कहती हूं, 'मुझे यहां रहना अच्छा लगेगा। यह ओशो के कमरे के इतना समीप है।' मैं अपना सूटकेस ले आती हूं और अपनी मित्र, शीलू के साथ उस कमरे में ठहर जाती हूं। बाकी दूसरी कॉटेज कांटेजस इस कॉटेज से काफी दूरी पर हैं। रसोईघर भी वहां से काफी दूर है, इसलिए तय होता है कि ओशो व क्रांति का भोजन टिफिन में लगाकर भिजवा दिया जाएगा, शीलू और मैं खाना खाने रसोईघर जाया करेंगी।

सुबह चाय बनाने के लिए एक बर्तन और स्टोव का इंतजाम हमारी कॉटेज में कर दिया गया है। ओशो सुबह नाश्ते में टोस्ट व चाय लेना पसंद करते हैं। यहां टोस्टर उपलब्ध नहीं है। मैं टोस्ट सेंकने के लिए किसी डिब्बे का ऐल्यूमिनियम का ढक्कन खोज लेती हूं। रात को ही मैं पूरा इंतजाम कर लेती हूं कि सुबह नाश्ते के लिए ब्रेड, मक्शन, दूध, चीनी और चाय की पत्ती सब तैयार हो।

ओशो कॉटेज को देखकर काफी प्रसन्न नजर आते हैं और रोज सुबह-शाम लिविंग रूम में ही प्रवचन देने का निर्णय करते हैं।

46

कश्मीरी लोग एक खास तरह की पोशाक पहनते हैं, जो ओशो को बहुत अच्छी लगती है। वे हमें स्टूडियो में जाकर कश्मीरी पोशाक में अपनी फोटो खिंचवाने को कहते हैं। हम उनके इस सुझाव से उत्साहित होकर फोटो खिंचवाने चले जाते हैं।

अपने चित्र उतरवाने के बाद, हम कैमरामैन से पूछते हैं कि क्या वह हमारे साथ

चलकर ओशो का भी कश्मीरी पोशाक में घोड़े पर बैठा हुआ चित्र खींच सकता है। वह तैयार हो जाता है।

ओशो बरामदे में कुछ मित्रों के साथ बैठे हुए हैं। हमें घोड़े और कैमरामैन के साथ आते देखकर वे हमारी मंशा भांप लेते हैं, और कहते हैं, 'यह मुसीबत आ गई।'

यह सुनकर मैं उनसे कहती हूं, 'आपने हम सबको परेशान किया। अब कृपा करके जरा कश्मीरी पोशाक पहन लीजिए। हम आपकी घोड़े पर बैठी हुई तस्वीर खींचना चाहते हैं।' बाकी लोग मेरी बातें सुनकर चकित होते हैं लेकिन ओशो मुस्कुराकर अपनी कुर्सी से उठ जाते हैं और कहते हैं, 'ठीक है, जैसी तुम्हारी मर्जी।' क्रांति कपड़ों का थैला लेकर उनके साथ भीतर चली जाती है।

कई बार मुझे अचरज होता है कि कैसे मैं कभी-कभी मित्रों की तरह ओशो के साथ इतनी घनिष्ठता से बात कर लेती हूं। मैं जानती हूं यह उनका बेशर्त प्रेम ही है जिसकी वजह से हमें ऐसा नहीं लगता कि वे हम से अलग और ऊपर हैं। वे हमें बिना किसी दिखावट के, अपना हृदय उनके प्रति खोलने देते हैं।

कुछ ही मिनटों में वे कश्मीरी पोशाक पहने बाहर निकलते हैं, जैसे कोई मुगल बादशाह चेहरे पर शरारती मुस्तान लिए चला आ रहा हो। कैमरामैन कॉटेज के पास ही मैदान में अपने घोड़े के साथ इंतजार कर रहा है। ओशो गरिमापूर्ण मंद गति से घोड़े के पास जाते हैं, और उसे थपथपाते हैं। वे घोड़े पर चढ़ने के बाद हम सबकी ओर मुस्कुराकर देखते हैं और कैमरामैन चित्र ले लेता है। अगले दिन हमें ओशो की तस्वीर मिल जाती है, जिसमें ओशो कश्मीर के बादशाह की तरह घोड़े पर बैठे हुए हैं।

47

सुबह 8 बजे, ओशो चाय और टोस्ट का नाश्ता कर रहे हैं। शीलू ऐल्यूमिनियम के ढक्कन पर टोस्ट सेंकने में मेरी मदद कर रही है। शीलू बहुत ही शांत प्रकृति की है, और मुश्किल से ही कभी बोलती है।

टोस्ट खाते समय ओशो कहते हैं, 'शीलू बहुत कम बोलती है, वह बहुत शांत है।' मैं ओशो को बताती हूं, 'शीलू की मां उसके शांत स्वभाव के कारण उसे 'देवता' कहती है।'

ओशो हंसकर कहते हैं, 'जब मेरा इतिहास लिखा जाए तो यह लिखना मत भूलना कि 'देवता' मेरे लिए टोस्ट सेंका करते थे।'

शीलू, मैं तथा वहां उपस्थित सभी मित्र ओशो के इस कथन पर हंस पड़ते हैं, लेकिन भीतर ही भीतर मैं यह बात स्मृति में संजो लेती हूं।

48

मिट्टी के तेल से जलने वाले इस स्टोव को जलाना वाकई मुश्किल काम है। यह बड़ी तकलीफ दे रहा है। इसके निप्पल को मुझे बार-बार एक पिन से साफ करना पड़ता है, और फिर कुछ देर पंप करते रहने के बाद यह भभककर जल उठता है।

पहले मैं चाय तैयार करती हूं और फिर टोस्ट बनाने के लिए ढक्कन को सीधे ही स्टोव पर रख देती हूं। ओशो रसोई के एक कोने में रखी छोटी सी मेज पर नाश्ता कर रहे हैं। मैं मिट्टी के तेल की गंध को बाहर करने के लिए रसोई का दरवाजा खुला रखती हूं। एक सुंदर-सा मुस्लिम नौजवान जो यहां का चौकीदार है, आज खुले दरवाजे के पास आकर ओशो की ओर झुककर कहता है, 'वालेकुम सलाम।' ओशो प्यारी सी मुस्कान से उसका स्वागत करते हैं और मुझसे उसे टोस्ट व चाय देने को कहते हैं। इस समय आ टपकने के कारण मैं इस युवक से कुछ खिन्न हो जाती हूं, क्योंकि मुझे चाय दोबारा बनानी पड़ेगी। मैं अपने आप को यही कहकर सांत्वना देती हूं कि यह कोई बड़ी बात नहीं है। मैं उसे बिठाकर चाय व टोस्ट देती हूं।

लेकिन हैरानी की बात तो यह है कि अगली सुबह भी वह चौकीदार फिर उसी समय हाजिर हो जाता है और पूरी घटना फिर से दोहरायी जाती है। अब मुझे पूरा यकीन हो जाता है कि हमारे यहां ठहरने तक यह सिलसिला हर रोज दोहराया जायेगा।

मेरा पूर्वानुमान गलत नहीं होता, प्रतिदिन वह अपने चाय व टोस्ट के लिए आने लगता है और मैं देखती हूं कि ओशो इस का खूब आनंद ले रहे हैं। मुझे लगता है कि ओशो को इस व्यक्ति के प्रति मेरे आन्तरिक विक्षोभ व क्रोध पता चल रहा होगा और वे सीधे मुझसे एक भी शब्द कहे बिना उसे बाहर लाने की कोशिश कर रहे हैं।

आज प्रवचन में मैं सुनती हूं कि वे बेशर्त प्रेम की, अजनबियों को अकारण प्रेम करने की बात कर रहे हैं। यह सुनकर, सुबह वाली घटना मुझे याद आती है और अपनी मूढ़ता का अहसास होता है और कुछ मेरे भीतर कौंध जाता है।

अगली सुबह मैं पहली बार उस चौकीदार का खुले हृदय से स्वागत करती हूं और प्रेम से उसे चाय व टोस्ट बनाकर देती हूं। ओशो यह देख रहे हैं, और जब मैं उनकी ओर देखती हूं तो वे मुझे एक मीठी-सी मुस्कान से देखते हैं। चौकीदार के प्रति मेरे व्यवहार में परिवर्तन पर प्रसन्नता जाहिर करते हैं।

49

दोपहर को भोजन के बाद ओशो अपने कमरे में आराम कर रहे हैं। और मैं बरामदे में बैठी पहरा दे रही हूं। तीन मुस्लिम बुजुर्ग आते हैं और कहते हैं, 'हमें पीर बाबा से मिलना है।' मैं उन्हें बताती हूं, 'वे अभी आराम कर रहे हैं, आप वापस 4 बजे आ सकते हैं।'

वे लोग ओशो के बारे में जानने को उत्सुक हैं। बातचीत की शुरुआत करने के लिए उनमें से एक बुजुर्ग पूछता है, 'क्या मैं ओशो की बेटी हूं।' बेकार की बातचीत से बचने के लिए मैं बस 'हां' कह देती हूं, लेकिन यहां मुझसे गलती हो गई। बातचीत से बचना उतना आसान नहीं है, जितना मैं सोच रही थी। दूसरा व्यक्ति पूछता है, 'तुम्हारी मां कहां है?' अब मैं पशोपेश में पड़ जाती हूं, मुझे कुछ नहीं सूझता कि क्या कहूं। मेरी वास्तविक मां तो अब जीवित नहीं है। उसके बारे में ही सोचती हूं, मैं कह देती हूं, 'मेरी मां मर चुकी है'। उनके साथ बेचैनी महसूस करते हुए मैं भीतर जाने के लिए उठ खड़ी होती हूं, कि तभी उनमें से एक कहता है, 'मेहरबानी करके और एक प्रश्न। क्या तुम्हारे कुछ और भाई-बहन हैं?' मैं एक गहरी सांस लेती हूं। बात असलियत से काफी दूर जा चुकी है, एक झूठ से शुरुआत करने के कारण मुझे अपनी मूर्खता का अहसास होता है। मैं खामोशी से उन लोगों की ओर देखने लगती हूं।

जब वे चल पड़ते हैं, तो मुझे बड़ी राहत मिलती है। उनमें से एक को मैं कहते सुनती हूं, 'बेचारी, इसकी मां मर गई है और अब यही अपने बाप की देखभाल कर रही है।'

जब मैं ओशो को पूरा वार्तालाप सुनाती हूं तो वे हंसकर कहते हैं, 'तो अब तुझे पता चला कि कैसे एक झूठ से दूसरा झूठ निकलता है। शुरू से ही उसके प्रति जागरुक रहना अच्छा है।'

50

हर रोज ओशो और क्रांति के लिए टिफिन में सुबह और शाम का भोजन भेजा जाता है। जब वे अपना भोजन कर चुकते हैं तो मैं पाती हूं कि टिफिन में इतना भोजन छूट गया है जो मेरे और शीलू के लिए पर्याप्त है। हम दोनों बचे हुए भोजन को खूब आनन्द लेकर खाते हैं साथ ही रसोईघर तक भोजन के लिए जाने की तबालत से बचने पर बहुत प्रसन्न होते हैं।

आज हम सभी को दर्शनीय स्थलों की सैर करवाने के लिए एक बस का इंतजाम किया गया है। मैं जाने में हिचकिचा रही हूं और घूमने-फिरने में मेरा कोई रस नहीं है। मेरा पूरा रस ओशो के साथ होने में है। कुछ मित्र मुझसे नाराज हो जाते हैं। मैं उनकी नाराजगी को समझ नहीं पाती। मुझे लगता है कि जाना या न जाना मेरा चुनाव और मेरी स्वतंत्रता है, लेकिन वे भी मुझे साथ लेकर जाने पर अड़े हुए हैं और बहस करने लगते हैं।

अचानक ओशो कमरे से बाहर आते हैं और यह देखकर कि वहां क्या चल रहा है, वे मित्रों से कहते हैं कि 'मैं जो करना चाहूं मुझे करने दें।' मित्र शांत हो जाते हैं और जाकर बस में चढ़ने लगते हैं।

मेरी आंखों में आंसू है। ओशो मेरी ओर देखकर हंसते हैं जिससे मुझे भी हंसी आ जाती है।

वे कहते हैं, 'आंसू और मुस्कान एक साथ। यह जरा दुर्लभ दृश्य है।'

51

महर्षि महेश योगी भी अपने कुछ पश्चिमी शिष्यों के साथ पहलगाम आए हुए हैं, उन्होंने ओशो से मिलने की इच्छा व्यक्त की है। जिस बंगले में महेश योगी अपने शिष्यों के साथ ठहरे हुए हैं, उसके बाहर खुले लॉन में दोपहर को एक मीटिंग आयोजित की गई है।

मैं अपना कैसेट रिकॉर्डर लेकर बाकी दो मित्रों के साथ उसी कार में बैठ जाती हूं जिससे ओशो जा रहे हैं। दस मिनट के बाद कार एक बंगले के पास रुकती है। बंगले के बाहर बड़ा-सा सुंदर-सा लॉन है। बहुत सारी कुर्सियां वहां बिछाई गई हैं। महेश योगी एक कुर्सी पर बैठे अपने शिष्यों से बातचीत कर रहे हैं। हमारे पहुंचने पर वे सब लोग बड़े उत्तेजित दिखाई दे रहे हैं। ओशो हाथ जोड़कर सबको नमस्कार करते हैं और महेश योगी के साथ वाली कुर्सी पर बैठ जाते हैं। मैं अपना कैसेट रिकॉर्डर अपनी गोद में लिए ओशो के पास ही बैठ जाती हूं। यहां किसी माइक की व्यवस्था नहीं है। महेश योगी कुछ समय अपने शिष्यों से बातें करना जारी रखते हैं। वह उन्हें समझा रहे हैं कि अलग-अलग मार्ग एक ही लक्ष्य की ओर ले जाते हैं। मैं ओशो की ओर देखती हूं, वे अपनी आंखें बंद किए हुए बैठे हैं।

महेश योगी का एक शिष्य ओशो को सुनने की इच्छा व्यक्त करता है। एक क्षण के लिए वहां एकदम सन्नाटा छा जाता है। ओशो अपनी आंखें खोलते हैं। मैंने उनकी बातों को रिकॉर्ड करने के लिए माइक्रोफोन अपने हाथ में पकड़ा हुआ है। अभी तक मैंने कभी ओशो को

पाश्चात्य लोगों के किसी ग्रुप को इंग्लिश में संबोधित करते नहीं सुना है। शायद यह इंग्लिश में उनका पहला संबोधन है। यह प्रवचन कम वार्तालाप ज्यादा लग रहा है। मैं उनको कहते हुए सुनती हूं, 'कोई लक्ष्य नहीं है, मार्ग का प्रश्न ही पैदा नहीं होता। सभी मार्ग व्यक्ति को स्वयं से दूर ले जाते हैं। तुम केवल स्वप्न देख रहे हो...।'

महेश योगी के शिष्य विविध विधियों की उनकी शिक्षा के कारण संस्कारित हैं। वे ओशो से बहस करने लगते हैं। मैं देख सकती हूं कि वे लोग खुले और ग्रहणशील नहीं हैं, उनके मन मस्तिष्क उधार विचारों से भरे हुए हैं। फिर भी एक घंटे से ओशो उनकी मूढ़तापूर्ण प्रश्नों के जवाब दे रहे हैं। महेश योगी काफी परेशान लग रहे हैं। ओशो उनके पूरे व्यवसाय को ही नष्ट कर सकते हैं, जो कि लोगों को भावातीत ध्यान सिखाने पर ही आधारित है। वह ओशो को अपनी बात पूरी नही करने देते और बीच में हस्तक्षेप करके अपने शिष्यों को समझाने लगते हैं कि ओशो का नजरिया अलग है, लेकिन अर्थ उनका भी वही है। मैं उनकी मूढ़ता को देखकर चकित रह जाती हूं। ओशो ने जो कहा उससे समझौता करके वह अपने आप को बचाने की कोशिश कर रहे हैं।

मैं उन सीधे-सादे पश्चिमी मित्रों के लिए दुःख अनुभव करती हूं, जो हमारे वापस लौटते समय तक पूरी तरह असमंजस में नजर आ रहे थे।

52

आज पहलगाम में हमारा आखिरी दिन है। ओशो के साथ, कभी तो ऐसा लगता है कि समय पूरी तरह रुक गया है और कभी ऐसा लगता है कि बहुत तेज भाग रहा है। मैं पैकिंग करने में व्यस्त हूं कि मुझे दरवाजे पर खड़े मुस्लिम चौकीदार की आवाज सुनाई पड़ती है। मैं उसे हमारा सामान कार में चढ़वाने के लिए एक घंटे बाद आने को कहती हूं। मैं उसे उसकी सेवाओं के एवज में बीस रुपये देती हूं, जो वह धन्यवादपूर्वक लेकर चला जाता है।

चलने को तैयार, हमं ओशो के साथ बरामदे में बैठे हुए हैं। चौकीदार आकर ओशो को सलाम करता है। ओशो उसकी ओर देखकर मुस्कुराते हैं। वह ओशो से पूछता है कि क्या वह बंबई आकर उनकी सेवा कर सकता है। मैं उसकी आंखों में आंसू देख रही हूं। ओशो के प्रेम ने उसे गहरे तक छू लिया है। ओशो उसके सर पर हाथ रखकर उसे आशीर्वाद देते हैं, और मुझसे पूछते हैं कि मैंने उसे कुछ पैसे दिए या नहीं। मैं ओशो को बताती हूं कि मैंने उसे बीस

रुपए दिए हैं। ओशो कहते हैं, 'उसे बीस और दे दो।' इन दिनों बीस रुपया काफी अच्छी रकम है। लोग अपने नौकरों को पांच रुपया बख्शीश भी मुश्किल से ही देते हैं। ओशो के पास तो सम्राट का हृदय है जो सदा ज्यादा से ज्यादा बांटना चाहता है। मैं चौकीदार को बीस रुपये और दे देती हूं। बीस रुपये लेते समय वह मेरा हाथ पकड़ लेता है और विह्वल होकर रोने लगता है। उसके आंसू मेरे हृदय को छू लेते हैं, और मेरी आंखों से भी आंसू बह निकलते हैं। धन्यवाद मेरे प्यारे सद्गुरु, आपने मुझे यह अवसर दिया कि मैं अपना हृदय एक अजनबी के प्रति खोल सकी।

53

ओशो ने यूनिवर्सिटी के पद से त्यागपत्र दे दिया है और वे जबलपुर से बंबई आ गए हैं। वे सी.सी.आई. चेंबर्स के एक तीन बैडरूम वाले अपार्टमेंट में अतिथि की तरह ठहरे हुए हैं, जो कि एक मित्र ने उन्हीं के लिए किराए पर लिया है।

एक बैडरूम में हम, आठ-दस मित्र, रोज सुबह सात से आठ बजे तक सक्रिय ध्यान करते हैं। मैं बंबई के एक दूर-दराज इलाके में रहती हूं और वहां से पहुंचने में मुझे लगभग एक घंटा लगता है। एक मित्र ध्यान का संचालन करते हैं और हम बाकी के लोग उसमें हिस्सा लेते हैं।

ध्यान के मौन वाले चरण में ओशो कमरे में आकर देखते हैं कि आज हमारा ध्यान कैसे चल रहा है। मैं पद्मासन में मौन बैठी हुई हूं और उनकी उपस्थिति अपने समीप महसूस करती हूं।

वे अपना हाथ मेरे सिर पर रखकर मेरे सिर को हिलाते हैं और धीरे से कहते हैं, 'पकड़ मत, अपने को छोड़ दे।' और कुछ होता है। मेरा पूरा शरीर कांपने लगता है, मैं जोर-शोर से रोने लगती हूं। उनके दिव्य स्पर्श से भीतर की कोई गांठ मिट गई। मुझे पहले कभी पता भी नहीं था कि मैंने भीतर इतना दबाया हुआ है। मैं आधे घंटे तक रोती ही चली जाती हूं और अंततः गहरे मौन में डूब जाती हूं।

मैं स्वयं को किसी अदृश्य बोझ से मुक्त महसूस करती हूं। मेरे मनस में कोई गहरी सफाई हो गई है जो कि मैं अपने आप प्रयत्न पूर्वक करती तो उसमें वर्षों लग जाते।

धन्यवाद प्यारे सद्गुरु।

सर्वप्रथम संन्यास मित्रों का समूह : मनाली ध्यान शिविर 1970

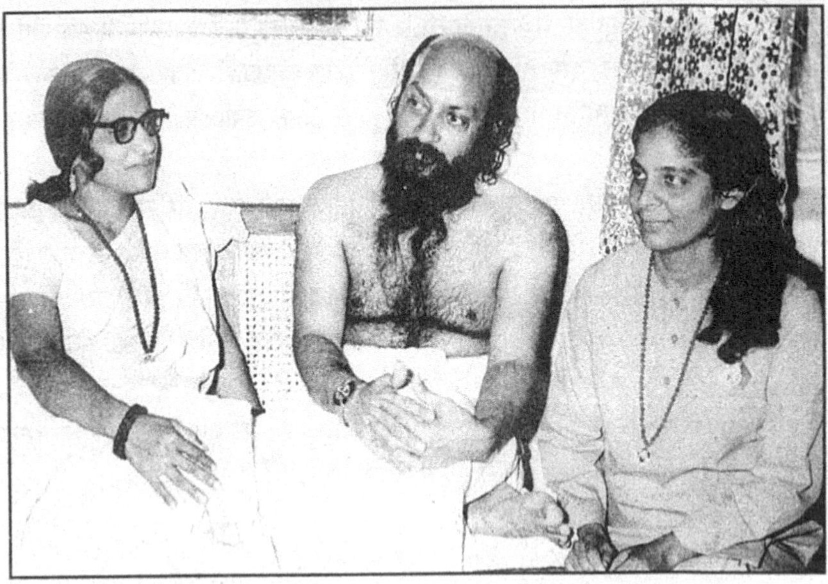

ओशो के साथ क्रांति और धर्म ज्योति : माउन्ट आबू ध्यान शिविर 1972

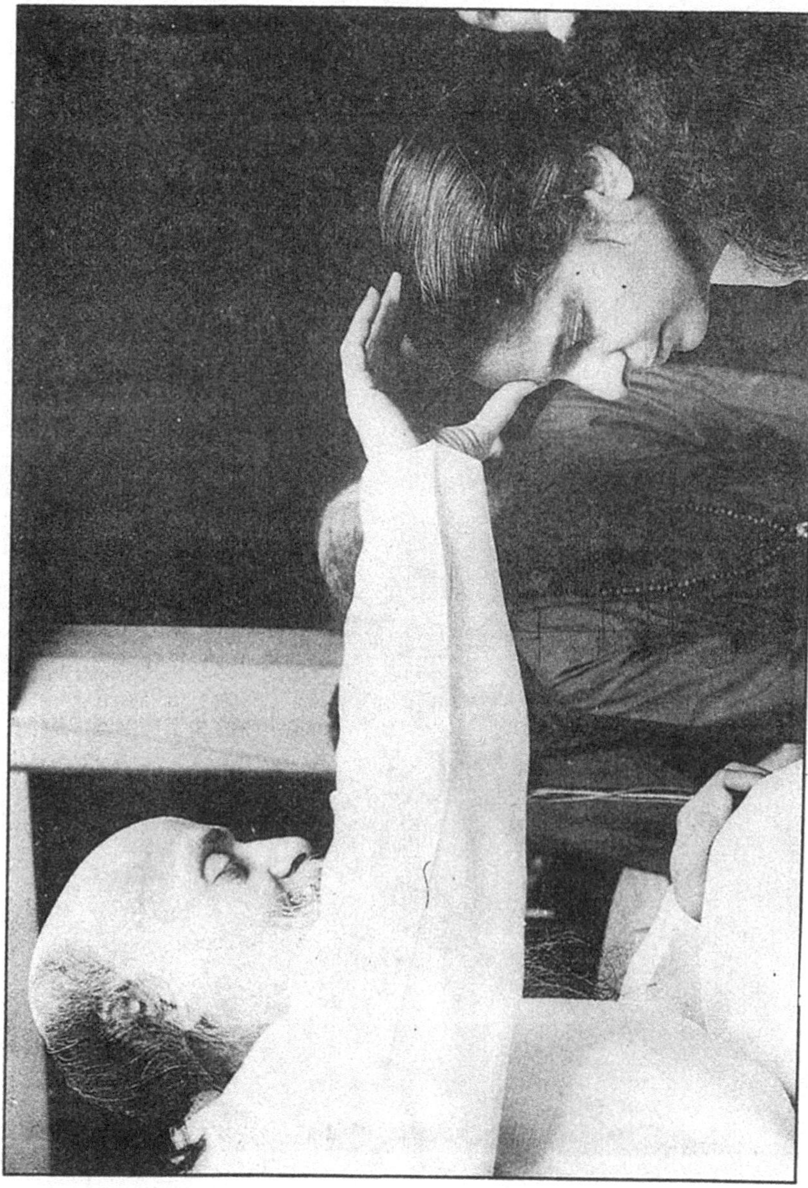

ओशो से आशीष दर्शन लेते हुए धर्म ज्योति : पूना 1976

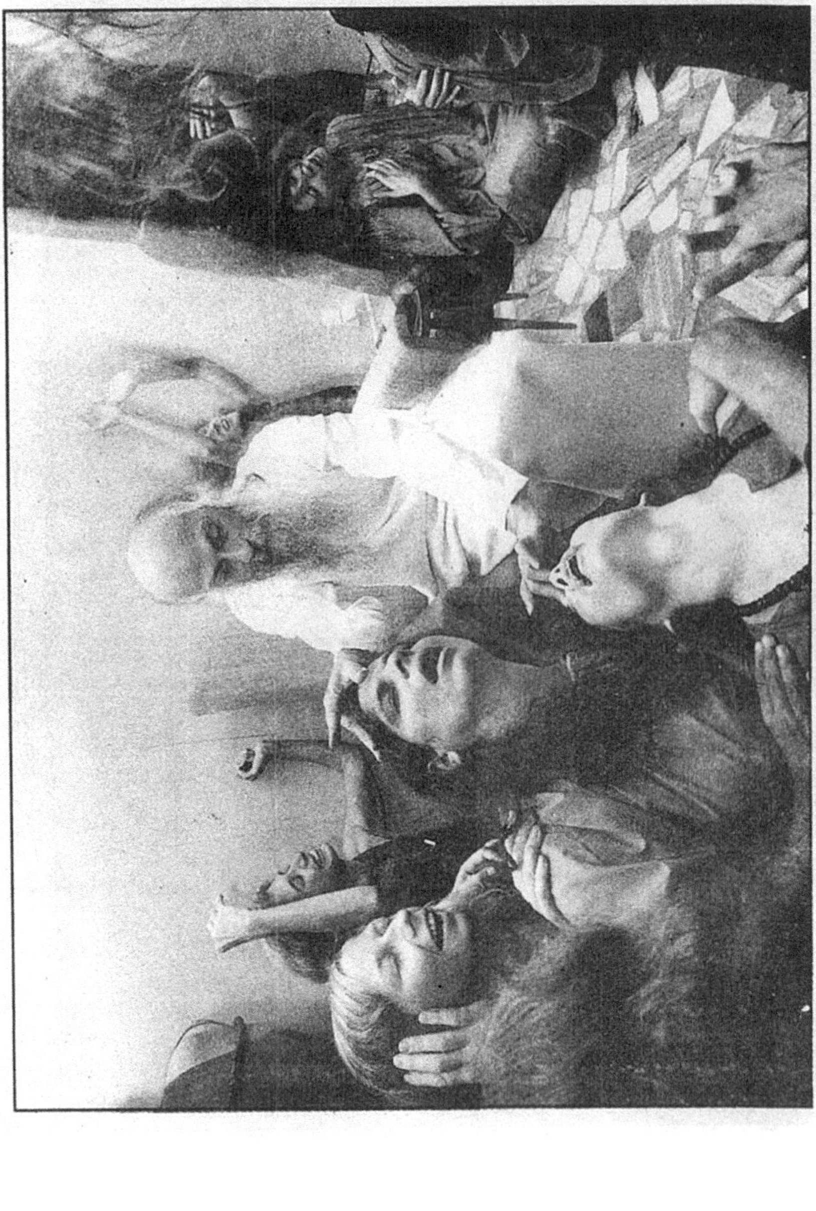

ओशो से ऊर्जा दर्शन लेते हुए धर्म ज्योति : पूना 1979

ओशो के साथ धर्म ज्योति का संन्यास लेने के बाद खिंचा फोटो : मनाली सितम्बर 1970

54

नारगोल के ध्यान शिविर के बाद लक्ष्मी ने भगवा लुंगी और कुर्ता पहनना शुरू कर दिया है। ओशो ने उसे अपनी सेक्रेटरी की तरह नियुक्त किया है और वह सी.सी.आई. चेंबर्स पर सुबह 7 बजे पहुंच जाती है। किसी को भी ओशो से मिलना हो तो उसे लक्ष्मी से अपाइंटमेंट लेनी पड़ती है। यह मेरी कल्पना से परे है। मेरा मन इस नई व्यवस्था को स्वीकार करने के लिए तैयार नहीं है।

मैं लोकल ट्रेन में एक अंधे लड़के से रोज कुछ गुलाब के फूल खरीदती हूं। सक्रिय ध्यान में जाने से पहले मैं उनके बैडरूम में उन्हें फूल देने के लिए जाती हूं। मैं लक्ष्मी द्वारा शुरू की **गई** इस अपाइंटमेंट की व्यवस्था के बारे में ओशो से पूछती हूं।

वे हंसकर कहते हैं, 'इसे समस्या मत बना। बस लक्ष्मी के आने से पहले आ जाया कर।' मुझे अपने सद्‌गुरु का यह सुंदर सुझाव बहुत अच्छा लगता है और मैं लक्ष्मी के आने से पंद्रह मिनट पहले पहुंचना शुरू कर देती हूं। मैं वहां पहुंचकर सीधी उनके कमरे में घुस जाती हूं। मुझे ऐसा लगता है जैसे मैं उनसे मिलना चाहती हूं, वे भी मुझसे मिलना चाहते हैं।

आज रात मैं प्रवचन में उनको कहते सुनती हूं, 'गुरु जल से भरे बादल के जैसा होता है, जो उन सब पर बरस जाता है जो प्यासे हैं और उसे अपने हृदय में ग्रहण करने को तैयार हैं। शिष्य भले ही अनुग्रहीत हो या न हो, लेकिन गुरु सदा ही उन सबके प्रति अनुग्रहीत होता है जिन्होंने अपने हृदय उसके प्रति खोल दिए हैं।'

आगे वे कहते हैं, 'सद्‌गुरुओं द्वारा ऐसा पहले कभी भी नहीं कहा गया है, लेकिन ऐसा ही है। यह मैं अपने अनुभव से कह रहा हूं।'

मेरा सिर अहोभाव में झुक जाता है और मैं उन्हें धन्यवाद देने के लिए कोई शब्द नहीं खोज पाती। मैं जानती हूं कि वे उन हृदयों की बात बिन-कहे ही समझ लेते हैं जो उनके हृदय की लय से लय मिलाकर धड़क रहे हैं।

55

जल्दी ही मनाली में ध्यान शिविर होने वाला है। आज सुबह वे मुझसे पूछते हैं कि, 'क्या मुझे लक्ष्मी के भगवा कपड़े अच्छे लगते हैं', मैं कहती हूं, 'हां ओशो, ये कपड़े उस पर अच्छे लगते हैं,' वे कहते हैं, 'ध्यान शिविर में यह अच्छा लगेगा कि सबने एक ही रंग के कपड़े पहने हुए हों। तू लक्ष्मी के जैसी एक ड्रेस सिलवा ले।' वे करुणा को भी यही संदेश देते हैं। हम दोनों ही इसके लिए तैयार हो जाती हैं।

यह बात करने के बाद ओशो हमसे तीन दफा पूछ चुके हैं कि हमारे कपड़े तैयार हुए या नहीं। और हमारा जवाब यही रहता है, 'अभी नहीं।' ध्यान शिविर में अभी काफी समय शेष है। आज मैं उनसे मिलने जाती हूं तो उनके कमरे में भगवे रंग के कपड़े का एक बड़ा-सा थान देखकर हैरान होती हूं। वे मुझसे कहते हैं कि अपने ड्रेस के लिए मैं उसमें से कपड़ा काट लूं। मुझे शर्म आती है कि मैंने समय से ड्रेस नहीं बनवाए और उनको तकलीफ दी। शायद मैं इस विषय में गंभीर नहीं थी, लेकिन वे गंभीर लगते हैं। मैं एक मित्र की मदद से कांपते हाथों से अपने लिए चार मीटर कपड़ा काट लेती हूं। कोई अनजाना भय मुझे घेर लेता है और मैं उनकी ओर नहीं देख पाती। वे मुझे बुलाते हैं और मैं कपड़े का बंडल लिए फर्श की ओर देखती हूं उनके चरणों के पास बैठ जाती हूं।

वे मेरे सिर पर हाथ रखकर मुझे आशीर्वाद देते हैं और कहते हैं, 'इससे बिल्कुल लक्ष्मी जैसी ड्रेस सिलवा लेना। यह ड्रेस तुझ पर अच्छी लगेगी।' मैं उनके शरारत से मुस्कुराते चेहरे की ओर देखती हूं और असमंजस में पड़ जाती हूं, समझ ही नहीं आता कि वे क्या करने वाले हैं।

56

मनाली का ध्यान शिविर शुरू हो गया है। आज मैं ओशो से अपने साधारण कपड़ों में मिलने जाती हूं। वे मुझसे पूछते हैं, 'तेरे भगवा कपड़े कहां हैं? वे क्यों नहीं पहने?' मैं कहती हूं, 'उन्हें मैं कल पहनूंगी।'

अगली सुबह मैं अपनी भगवा लुंगी और कुर्ता पहनकर प्रवचन से पहले, बंबई की अपनी

एक मित्र वीणा के साथ, ओशो से मिलने आती हूं। हम बड़े उत्साह से लिविंगरूम में उनका इंतजार कर रहे हैं। कुछ मिनट बाद वे बाथरूम से बाहर आते हैं। उनका चेहरा प्रकाश के एक आभामंडल से चमक रहा है। मैं जब उनके चरण छूने के लिए उनके करीब जाती हूं तो मुझे वे मुस्कुराकर देखते हैं और अपना हाथ मेरे सिर पर रखकर मुझे आशीर्वाद देते हैं।

जैसे ही मैं उठकर खड़ी होती हूं, वे कहते हैं, 'तू इस ड्रेस में जंच रही है। अब तू संन्यासिनी हो गई। तुझे क्या नाम दिया जाए?' वे मोटे-मोटे मनकों वाली बड़ी-सी माला मेरे गले में डाल देते हैं। मैं हैरान हूं, कुछ समझ में नहीं आ रहा है कि क्या हो रहा है? मैं इस सबको मजाक की तरह लेती हूं और हंस पड़ती हूं। वे वीणा की ओर देखते हैं और उसके मुंह से अनायास 'ज्योति' नाम निकल पड़ता है। ओशो को यह नाम पसंद आता है। वे कहते हैं, 'यह नाम अच्छा है लेकिन पूरा नहीं है। 'धर्म ज्योति' तेरे लिए ठीक नाम रहेगा। यह सब लिविंगरूम में खड़े-खड़े ही होता है। इस तरह मैं संन्यास में दीक्षित हो जाती हूं। कोई बड़ी गंभीर बात नहीं। मैं उनकी ओर खिंचाव-सा महसूस करती हूं और उनके गले लग जाती हूं। वे मेरे आलिंगन को प्रेम से स्वीकार करते हैं और अपना हाथ मेरे सिर पर रखकर अपना सारा प्रेम मुझ पर लुटा देते हैं। मैं नितांत मौन और आनंद में डूबी हुई महसूस करती हूं।

57

मैं कमरे से बाहर निकलती हूं तो देखती हूं चैतन्य भारती अपना कैमरा लिए खड़े हैं। मैं उन से पूछती हूं कि क्या वे प्रवचन के बाद ओशो के साथ मेरी तस्वीर खींच सकते हैं, उन्होंने सहमति भर दी। मैं उन्हें कहती हूं कि प्रवचन के बाद मैं ओशो के पास जाऊंगी, जहां वह तैयार रहें।

मैं पोडियम के पास ही जाकर जमीन पर अपनी आंखें बंद कर बैठ जाती हूं। मैं बिल्कुल मस्ती में हूं। मुझे कुछ पता नहीं कि क्या हो रहा है। कोई 400 से 500 लोग बिलकुल मौन बैठे हुए अपने सद्गुरु का इंतजार कर रहे हैं। कुछ ही मिनटों में मैं ओशो की मौजूदगी को महसूस करती हूं और आंखें खोल लेती हूं। वे बिल्कुल मेरे सामने खड़े हुए हाथ जोड़कर सभी मित्रों को नमस्कार कर रहे हैं। मैं अपनी अनंत प्यास को तृप्त करने के लिए एक बार फिर उनके चेहरे की ओर देखती हूं। वे भांति-भांति के प्रश्नों के उत्तर देते हुए लगभग दो घंटे तक बोलते हैं।

प्रवचन के बाद मैं उनके पास जाकर कहती हूं, 'ओशो, मैं आपके साथ एक तस्वीर

खिंचवाना चाहती हूं।' वे इसके लिए एकदम से राजी हो जाते हैं और मैं उनके दाईं ओर खड़ी हो जाती हूं। कुछ ही सैकंड में चैतन्य भारती अपना कैमरा क्लिक कर देते हैं। यह चित्र मेरी असली संपदा है। जब मुझे यह चित्र दिल्ली की डाक से मिलता है तो मैं उसे ओशो को दिखाने ले जाती हूं।

ओशो एक क्षण चित्र की ओर देखते हैं फिर अपने हस्ताक्षरों के साथ यह संदेश उस पर लिख देते हैं : 'जो सब तरह की पकड़ छोड़ देता है वही असली संन्यासी है।'

58

ये भगवा कपड़े दो दिन पहनने के बाद मैं उन्हें धो देती हूं और सुबह के प्रवचन में अपने साधारण कपड़ों में ही जाती हूं। जब वे मेरी ओर देखते हैं तो मुझे लगता है कि मेरे दूसरे कपड़े पहनने से वे खुश नहीं है। उनकी नजरों में एक सवाल है, 'तेरे भगवा कपड़ों को क्या हुआ?'

मैं यह समझ नहीं पाती कि उन्हीं एक जोड़ी कपड़ों को मैं तीन दिन तक कैसे पहन सकती हूं?

प्रवचन के बाद मुझे उनके कमरे में बुलाया जाता है। मैं बहुत डर जाती हूं जैसे कि मैंने कोई अपराध किया हो और अब मुझे कोर्ट में जाकर जज का सामना करना पड़ेगा। मैं एक भेड़ की तरह उनके कमरे में प्रवेश करती हूं। वे आंख बंद करके कुर्सी पर बैठे हुए हैं, और मैं उनके चरणों के पास जमीन पर बैठ जाती हूं। उनकी अदृश्य सुगंध में लिपटी हुई, मैं शांत होने लगती हूं। मैं उनके दमकते हुए चेहरे को अपलक निहारने से स्वयं को रोक नहीं पाती। वे अपनी आंखें खोलते हैं और मुझे देखकर मुस्कुराते हैं। मेरा सारा भय मिट जाता है।

वे कहते हैं, 'तुझे अपने सारे दूसरे कपड़े अपने मित्रों में बांट देने हैं और सिर्फ भगवा ही पहनने हैं।' मैं उनसे पूछती हूं, 'भगवा कपड़ों में मैं ऑफिस कैसे जा सकती हूं।? लोग हंसेंगे और समझेंगे कि मैं पागल हो गई हूं।' वे हंस पड़ते हैं और कहते हैं, 'तू पागल तो है ही। लोगों को हंसने दे, तू भी उनके साथ-साथ हंस लेना।' मुझे असमंजस में देखकर वे कहते हैं, 'यह तेरे ऊपर निर्भर है, तू ही फैसला कर कि तू संन्यासिनी बनना चाहती है या नहीं।' उनका स्वर ओजस्वी है और संन्यास के प्रति वे सच में ही गंभीर हैं। वे उठकर बाथरूम में चले जाते हैं, मैं पूरी तरह असमंजस में पड़ जाती हूं।

शाम को उनके कमरे में एक विशेष मीटिंग बुलाई जाती है, जिसमें वे हमें अपने नव संन्यास आंदोलन के विषय में बताते हैं। मैं भारी हृदय लिए मीटिंग से लौटती हूं। मैं इस तगड़ी

खुराक को नहीं पचा पा रही हूं। हमें अपने घरों में ही रहना है, अपना काम जारी रखना है और भगवा कपड़े व गले में माला पहननी है। यह आसान तो लगता है लेकिन प्रेक्टिकल नहीं लगता। मैं रात भर सो नहीं पाती। जब मैं अपने घर और ऑफिस भगवा कपड़ों में जाने के दृश्य की कल्पना करती हूं तो मेरा मन हड़बड़ा उठता है।

अपने बिस्तर पर लेटे हुए मैं अपने मन को ओशो के साथ कुश्ती करते हुए देख रही हूं। अंततः ओशो के प्रति मेरा प्रेम और मेरी श्रद्धा जीत जाते हैं। द्वन्द्वग्रस्त मन अपने को पूरी तरह हारा हुआ पाकर सद्गुरु के सामने समर्पण कर देता है। मैं स्वयं से ही कहती हूं, 'ओ मेरे प्रियतम, तेरी ही मर्जी पूरी हो।'

59

मैं बंबई भगवा कपड़ों और माला में लौटने से डर रही हूं। मैं बॉम्बे ट्रांसपोर्ट कंपनी में काम करती हूं, जो पूरी बंबई में बसें चलाने वाली एक बड़ी ऑर्गनाइजेशन है। कोलाबा स्थित मुख्य ऑफिस में मेरे साथ हजारों लोग काम करते हैं। मैं जब भी छुट्टी पर जाती हूं, कभी समय से नहीं लौटती।

घर पर तो मुझे कोई बहुत मुश्किल नहीं आती। मेरे पिताजी इसे साधारण ढंग से ही लेते हैं, क्योंकि मैं आर्थिक रूप से इन पर आश्रित नहीं हूं। किसी तरह साहस जुटाकर मैं भगवा लुंगी-कुर्ते व बड़ी-सी माला में अपने ऑफिस पहुंचती हूं। जो भी मुझसे मिलता है वह चकित होकर मुझे देखता है। कई लोग सोचते हैं कि मैं हिप्पी बन गई हूं। मेरे सभी साथी घेरकर मुझसे भगवा कपड़ों व माला के बारे में प्रश्न करने लगते हैं। मेरे बॉस इस सारे 'दिखावे' के लिए मुझसे नाराज हो जाते हैं। मैं इन मित्रों के बीच खुद को अजनबी महसूस करने लगती हूं।

60

ओशो वुडलैंड्स बिल्डिंग के अपने नए अपार्टमेंट में आ चुके हैं। मैं लगभग रोज ही उनसे मिलती हूं और तरह-तरह की घटनाओं के बारे में उन्हें बताती हूं। वे सबका मजा लेते हुए हंसते हैं और मुझसे कुछ भी गंभीरता से न लेने को कहते हैं।

मैं उन्हें बताती हूं कि जब मैं बस स्टॉप पर खड़ी होती हूं तो कैसे बसों में से कॉलेज के

लड़के चुंबन के इशारे करते हैं। मुझे बड़ा अजीब लगता है जब लाइन में खड़े लोग मेरी ओर ऐसे देखने लगते हैं जैसे मैं कोई पागल हूं।

वे मुझसे कहते हैं, 'जब कोई तेरी ओर चुंबन उछाले तो तू हाथ उठाकर उसे आशीर्वाद दे दे, और कर भी क्या सकती है?'

धीरे-धीरे मैं इन चीजों की अभ्यस्त हो जाती हूं। ओशो अब तक काफी कुख्यात हो चुके हैं। वे 'सैक्स गुरु' की तरह पहचाने जाने लगे हैं और लोग हमारे बारे में वेश्याओं की तरह राय रखने लगे हैं।

अब मैं भीतर से बहुत मजबूत हो चुकी हूं और दूसरों की मान्यताओं की कोई परवाह नहीं करती। एक सुबह मैं गाड़ी पकड़ने के लिए प्लेटफार्म पर इंतजार कर रही हूं। एक तथाकथित सज्जन मेरे पास आकर पूछता है कि 'क्या आज की रात मैं उसके साथ बिताना चाहूंगी।' मैं उसे कहती हूं, 'माफ करिए, आपने काफी देर कर दी। मेरी पहले ही किसी से बात हो चुकी है।' वह इसे गंभीरता से ले लेता है और कहता है, 'और कल के बारे में क्या ख्याल है?' मैं उसे जवाब देती हूं, 'कल कभी नहीं आता।' उसे मेरी बात समझ नहीं आती, और झल्लाकर वहां से चला जाता है।

जब ओशो को मैं इस घटना के बारे में बताती हूं तो उन्हें बहुत मजा आता है। वे कहते हैं, 'शाबास ज्योति। इसी तरह सब चीजों को हंसी खेल में ले और फिर परेशानी नहीं रहेगी।'

61

ओशो ने खुले मैदानों में सार्वजनिक प्रवचन करने बंद कर दिये हैं। हर शाम वे वुडलैंड्स अपार्टमेंट के लिविंगरूम में मित्रों के समूह से बोलते हैं। सुबह के प्रवचन सभागारों में आयोजित किए जाते हैं। अब हम करीब पचास संन्यासी हैं, जिन्हें पोडियम पर उनके पीछे बैठने दिया जाता है। प्रवचन के बाद कीर्तन होता है। हम सब पोडियम पर ही नाचते गाते हैं और ओशो संगीत की धुन के साथ-साथ ताली बजाते हैं। स्टेज पर ऊर्जा का एक नृत्य घटित हो जाता है। ऑडिटोरियम में कुर्सियों पर बैठे हुए लोग भी खड़े होकर नाचने लगते हैं। हर रोज दो या तीन मित्र साहस जुटाकर संन्यास में छलांग ले लेते हैं।

शाम को जब मैं वुडलैंड्स पहुंचती हूं तो लक्ष्मी मुझे बताती है कि आज कितनी विकेट डाउन हो गई। हम अपनी उंगलियों पर गिनते हैं और खुश होते हैं कि हमारा संन्यास परिवार हर रोज बढ़ता चला जा रहा है। एक मित्र ओशो से कहते हैं, 'एक दिन आएगा जब सभी

संन्यासी आपको ऑडिटोरियम में बैठकर सुनेंगे और थोड़े से गैर-संन्यासी ही आपके साथ पोडियम पर बैठा करेंगे।'

ओशो हंसकर कहते हैं, 'यह संभव है। इसमें थोड़ा समय लगेगा। एक चिंगारी पूरे जंगल को जला सकती है। यह नव-संन्यास आंदोलन जल्दी ही पूरे विश्व में आग की तरह फैल जाएगा।'

62

ओशो बंबई के पाटकर हॉल में महावीर पर प्रवचन दे रहे हैं। जैनों के अट्ठारह दिन के पर्यूषण चल रहे हैं।

आज, ओशो की मां व चाची जो गाडरवारा से आई हैं, प्रवचन से पहले संन्यास लेंगी। ऑडिटोरियम खचाखच भरा हुआ है। आज ओशो दो मिनट पहले ही आ गए हैं और सबको नमस्कार करने के बाद आंखें बंद करके पद्मासन में बैठ गए हैं। अचानक दो प्रौढ़ महिलाएं भगवा साड़ियां पहने ऑडिटोरियम से निकल कर पोडियम तक पहुंचती हैं और ओशो के सामने झुक जाती हैं। ओशो धीरे से उठते हैं और पहले उनके पांव छूकर और फिर उनके गलों में माला डाल देते हैं। पूरा दृश्य इतना हृदय स्पर्शी है कि ऑडिटोरियम में बहुत से मित्र सिसक रहे हैं। ओशो को अपनी मां व चाची के पाव छूते देख मेरा मन जैसे बिल्कुल शून्य ही हो जाता है। मुझे लगता है जैसे आकाश धरती को छूने नीचे आ गया है। इतनी ऊंचाइयों पर स्थित व्यक्ति और इतना सहज व विनम्र विश्वास नहीं होता। मैं अंदाज लगाती हूं कि शायद इतिहास में ऐसा आज तक नहीं हुआ है कि कोई मां अपने संबुद्ध पुत्र से दीक्षित हुई हों। प्यारे सद्गुरु आपका धन्यवाद है कि आपने इस अविस्मरणीय घटना की साक्षी होने का अवसर मुझे दिया।

63

शाम हो चुकी है, और बंबई की सड़कों पर वाहनों की सबसे ज्यादा भीड़ का समय है। मैं क्रॉस मैदान पहुंचने के लिए एक टैक्सी का इंतजार कर रही हूं, जहां 6:30 बजे ओशो भगवद्गीता पर प्रवचन देने वाले हैं। मैं पंद्रह मिनट इंतजार करने के बाद बड़ी अधीर-सी हो रही हूं। मेरे आगे से कितनी ही टैक्सियां गुजर रही हैं, लेकिन सभी भरी हुई हैं। मैं हैरान होती

हूं कि ये इतने सारे लोग आखिर जा कहां रहे हैं, और मुझे कोई क्यों नहीं बिठा लेता? क्षण प्रतिक्षण मुझे देर होती जा रही है और मेरा धीरज जवाब देने लगा है, मैं बिल्कुल असहाय महसूस कर रही हूं। अंतिम आश्रय के रूप में, मैं अपने मन ही मन अस्तित्व से प्रार्थना करने लगती हूं कि प्रवचन में ठीक समय से पहुंचने के लिए मेरी मदद करे। मैं शांत होकर सब कुछ अस्तित्व पर छोड़ देती हूं और एक चमत्कार होता है। एक कार मेरे नजदीक आकर रुकती है। कोई आगे का दरवाजा खोलता है, मैं भीतर झांककर देखती हूं।

मैं अपनी आंखों पर विश्वास नहीं कर पाती। ओशो पिछली सीट पर बैठे हुए हैं और मुझे देखकर मुस्कुराते हैं। मां लक्ष्मी कार चला रही हैं और मुझे आगे अपने साथ बैठने को कहती हैं। मैं तो हक्की-बक्की रह जाती हूं। कार में गहन मौन है और मैं उसमें स्वयं को डूबा हुआ महसूस करती हूं। मेरी आंखें अहोभाव में मुंद जाती है और आंसू बहने लगते हैं।

कुछ ही मिनट में हम क्रॉस मैदान पहुंच जाते हैं। मैं कार से उतरकर उनके चरण छूने के लिए बढ़ती हूं, लेकिन पहले ही बहुत से लोगों ने उन्हें घेर लिया है। कई लोग उनके चरण छू रहे हैं और हर बार सबके सिर पर हाथ रखने के लिए वे झुक रहे हैं। यह तो बहुत ज्यादा हो रहा है। इतने लोगों ने उन्हें घेर रखा है कि उनके लिए एक इंच भी बढ़ पाना मुश्किल है। लक्ष्मी मेरी ओर देखती है और हम दोनों मिलकर लोगों को किनारे की तरफ करने लगती हैं, अपनी बांहें फैलाकर हम उनके दोनों ओर दीवार बन गई हैं। फिर भी पोडियम जाने के लिए दो मिनट की दूरी को वे दस मिनट में तय कर पाते हैं। वे श्रोताओं को हाथ जोड़कर नमस्कार करते हैं और आलथी-पालथी मारकर आंखें बंद करके बैठ जाते हैं। मैं पहली पंक्ति में जाकर जमीन पर बैठ जाती हूं। उनकी ओर देखती हूं, उनके चेहरे पर थकान का नामोनिशान तक नहीं है। वे किसी देवता की तरह ताजे और सद्यःस्नात लगते हैं, जो अभी-अभी ही पृथ्वी पर उतरे हों।

64

ओशो ने हर शाम 8 बजे से अपने वुडलैंड्स अपार्टमेंट में प्रवचन करना शुरू कर दिया है। कई बार प्रवचन दो-दो घंटे तक चलता है। मुझे वहां से अपने घर पहुंचने में एक घंटे से भी ज्यादा समय लगता है। रात काफी देर हो जाती है। इस समय मुश्किल से ही कोई महिला लोकल ट्रेन में सफर करती है। पुरुष मुझे अजीब नजरों से देखते हैं और कभी-कभी अश्लील फब्तियां भी कसते हैं, लेकिन किसी भी कीमत पर मैं उनके प्रवचन से चूकना नहीं चाहती।

हमेशा की तरह, मैं लोकल ट्रेन से घर जा रही हूं और किसी कारण से ट्रेन दो स्टेशनों

के बीच करीब आधे घंटे के लिए खड़ी हो जाती है। मैं चिंतित हो रही हूं। आज रात तो बहुत देर हो जाएगी। जब तक गाड़ी अंधेरी स्टेशन पहुंचती है रात के 11:45 बज चुके हैं।

मैं स्टेशन से निकलकर बस स्टॉप पर बस का इंतजार करने लगती हूं। मेरे पास ही खड़ा व्यक्ति बड़े सौम्य ढंग से मुझसे बात करने लगता है और कहता है यदि मैं चाहूं तो वह मुझे टैक्सी में लिफ्ट दे सकता है। पहले तो मैं झिझकती हूं, लेकिन फिर कोई और उपाय न देख, यह बात मान लेती हूं। वह एक टैक्सी बुलाकर मेरे लिए उसका दरवाजा खोलता है। पहले मैं टैक्सी में बैठती हूं, फिर वह आकर मेरे बाजू में बैठ जाता है। टैक्सी चलना शुरू होती है तो वह मेरे कंधे पर हाथ रख लेता है और मुझसे मेरा परिचय मांगने लगता है। मैं उसकी तरंगों को महसूस कर सकती हूं, और उसकी बात मान लेने के लिए स्वयं को कोसने लगती हूं। मेरा दिमाग काम करना बंद कर देता है। मुझे नहीं पता कि अब क्या करूं? वह मेरे कुछ और करीब खिसक आता है और कहता है कि मैं थकी हुई लग रही हूं। क्या मैं पहले कुछ खाना या पीना पसंद करूंगी? मैं हिम्मत करके उससे कहती हूं, 'बहुत देर हो चुकी है, मैं सीधे घर जाना चाहती हूं।' वह हंसता है और मेरे कान में फुसफुसाकर कहता है, 'आज रात तुम घर नहीं जाओगी।' यह कह कर वह मेरा हाथ दबाता है। मैं बिल्कुल सन्न रह जाती हूं और ओशो को याद करने लगती हूं। मेरे आश्चर्य का ठिकाना नहीं रहता, जब भीतर अचानक कुछ क्लिक होता है। मैं बिल्कुल चौकन्नी होकर उससे कहती हूं, 'हां, मुझे बहुत भूख लग रही है। यहां उतरकर हम कुछ खाते हैं।' वह ड्राइवर को टैक्सी रोकने के लिए कहता है और हम टैक्सी से उतर जाते हैं। वह किराया देने के लिए मीटर में देख रहा है और सचमुच ही एक चमत्कार घटता है। एक बस आकर सीधी मेरे सामने ही खड़ी हो जाती है। मैं दौड़कर निकास द्वार से ही बस में चढ़ जाती हूं, जिसके लिए ड्राइवर कोई आपत्ति नहीं करता, जबकि मैं सुरक्षित घर पहुंच गई हूं फिर भी भय से मेरा दिल तेज-तेज धड़क रहा है। मैं खुद से ही कसम लेती हूं कि अब अपने जीवन में दोबारा कभी किसी अजनबी से लिफ्ट नहीं लूंगी।

क्या घटना थी! लेकिन ओशो हमारे काम दमित समाज के बारे में जो कह रहे हैं, इससे वह बात बिल्कुल सिद्ध हो जाती है।

65

इस टैक्सी वाली घटना के बाद, मेरी एक मित्र जो रोज़ शाम प्रवचन के लिए आती है, वह और मैं यह निश्चय करती हैं कि रात को या तो वह मेरे घर रुक जाया करेगी या मैं उसके

घर रुक जाया करूंगी। सुबह हम अपने-अपने घर जा सकती हैं। वह मेरे घर आना पसंद करती है, उसके लिए मैंने अपने कमरे में अलग से एक बिस्तर लगा दिया है। हमारी यह योजना बिल्कुल ठीक चल रही है।

मेरे पड़ोसी जब यह देखते हैं तो तथ्यों को बिना जाने ही यह अफवाह उड़ा देते हैं कि रात को मैं लड़कियों को घर लाती हूं, जो सुबह होते ही चली जाती है। जब एक मित्र से मैं अफवाह सुनती हूं तो मैं हैरान रह जाती हूं। कितने सड़े हुए समाज में हम रह रहे हैं। लोग अपना मन हमारे ऊपर थोप देते हैं। उनमें इतनी भी हिम्मत नहीं है कि सीधे आकर मुझसे बात कर सकें।

कभी-कभी मैं भी अपनी मित्र के घर रुक जाती हूं और सुबह घर वापस आती हूं और फिर वही अफवाहें, रात को मैं घर नहीं आती, जरूर कोई रात का धन्धा करती होऊंगी। मैं अपने बारे में इन सारी अफवाहों की बातें ओशो को बताती हूं। ओशो का उत्तर है, 'यह तुम्हारी अग्नि परीक्षा है। तुम्हें कोई प्रतिक्रिया नहीं करनी, बस ऐसे लोगों की उपेक्षा करनी है। उदासीन बने रहो। एक दिन सत्य स्वयं प्रकट हो जाएगा।'

66

धीरे-धीरे लोग हमें समझने लगे हैं। मेरे ऑफिस के लोग मुझे अजीब निगाहों से नहीं देखते। कुछ लोग ओशो की पुस्तकें पढ़ने लगे हैं और कुछ उनके प्रवचन सुनने के लिए भी आने लगे हैं। सारा वातावरण परिवर्तित हो गया है। मेरे बॉस भी अब मुझसे नाराज नहीं हैं। इसके विपरीत, जितना हो सकता है उतनी वह मेरी मदद ही करते हैं।

अट्ठारह दिन के लिए सुबह 8:30 से 10:00 बजे तक पाटकर हॉल में ओशो के प्रवचन आयोजित किए गए हैं। ओशो महावीर पर बोलने वाले हैं। मेरा ऑफिस सुबह 9:00 बजे शुरू होता है और मेरी कोई छुट्टियां भी बाकी नहीं बची हैं। मैं बड़ी असहाय महसूस करती हूं और ओशो से मिलने जाती हूं। मैं उन्हें अपने ऑफिस के टाइमिंग के बारे में बताती हूं और उनसे पूछती हूं कि मुझे क्या करना चाहिए? वे कभी भी मेरे ऑफिस से त्यागपत्र देने के पक्ष में नहीं हैं।

वे मुझसे पूछते हैं, 'तेरे बॉस का नाम क्या है और वह कैसा दिखता है?'

मैं उन्हे अपने बॉस का नाम और व्यक्तित्व के बारे में थोड़ा-सा बताती हूं। वे कुछ मिनटों के लिए अपनी आंखें बंद कर लेते हैं और मुझे अपने बॉस से यह कहने के लिए कहते हैं कि अट्ठारह दिन के लिए मैं रोज 10:30 बजे आया करूंगी। मैं आश्चर्य चकित

हूं। यह बिल्कुल असंभव ही लगता है। मैं ओशो से कहती हूं, 'यह तो नहीं चलेगा। हमारे ऑफिस में टाइम कार्ड पंच करने की व्यवस्था है। केवल एक मिनट की देरी वहां चल सकती है।' यह सुनने के बाद ओशो फिर से वही बात दोहराते हैं और मुझे वैसा ही करने को कहते हैं, जैसा उन्होंने कहा है।

मैं इसी उधेड़-बुन में ऑफिस पहुंचती हूं कि अपने बॉस को यह बात कैसे कहूंगी। मैं जानती हूं कि ऑफिस में वह कठोर अनुशासनप्रिय माने जाते हैं। मेरा मन कहता है, 'वह समझेंगे कि मैं इतनी छूट मांग रही हूं, शायद मेरा दिमाग खराब हो गया है।'

किसी तरह मैं उनके पास जाने का साहस जुटाती हूं। वह मुस्कुराकर मेरा स्वागत करते हैं, जैसा कि वह सामान्यतः नहीं करते। मैं उनसे पूछती हूं कि 'क्या कुछ दिन के लिए मैं सुबह एक घंटा देर से आकर शाम को एक घंटा देर तक काम कर सकती हूं?' मेरे आश्चर्य का ठिकाना नहीं रहता, जब वह यह कहते हैं कि उन्होंने अखबार में विज्ञापन देखा है और उन्हें पता है कि अट्ठारह दिन के लिए ओशो रोज सुबह 8:30 से 10:00 बजे तक बोलने वाले हैं। फिर वह मुझसे पूछते हैं, 'तुम 10:00 बजे तक ऑफिस में कैसे पहुंच पाओगी?' मैं कहती हूं, 'मैं प्रवचन के कुछ पहले ही निकल आया करूंगी और फिर टैक्सी पकड़कर ऑफिस पहुंच जाया करूंगी।'

वह कहते हैं, 'प्रवचन से जल्दी निकलने की कोई जरूरत नहीं है। तुम 10:30 बजे तक आ सकती हो, और टाइम कार्ड भी पंच मत करो, उसकी फिकर मैं कर लूंगा और तुम्हें देर तक बैठने की जरूरत भी नहीं है।'

मैं अपने कानों पर विश्वास नहीं कर पाती। कैसा चमत्कार है? मुझे पूरा विश्वास है कि ओशो ने इस व्यक्ति के साथ कोई टेलीपेथी की है, जिसकी मैं कल्पना भी नहीं कर सकती।

जब मैं ओशो से इस बारे में बताती हूं तो वे हंस पड़ते हैं और कुछ भी नहीं कहते। मैं सोचती हूं कि अपनी चमत्कारिक शक्तियों के बारे में वे कोई ज्यादा बातें करने के पक्ष में नहीं हैं।

67

ओशो अहमदाबाद में भगवद्गीता पर प्रवचन कर रहे हैं। हर रात, शाम के प्रवचन के बाद दो घंटे में वे पांच-छः किताबें पढ़ते हैं। मैं सोच भी नहीं सकती कि इतनी किताबें वे कैसे पढ़ लेते हैं। जब मैं उन किताबों को खोलकर देखती हूं जो वे पढ़ चुके हैं तो पाती हूं कि

अलग-अलग पन्नों पर कुछ पंक्तियां अंडरलाइन की गई हैं। हर किताब पर पढ़ने की तारीख डालकर वे हस्ताक्षर कर देते हैं।

आज और किताबें खरीदने के लिए मैं उनके साथ बुकस्टोर जाती हूं। मैं अनुमान लगाती हूं, कि यह अहमदाबाद का सबसे बड़ा बुकस्टोर है। शेल्फों पर हजारों किताबें लगी हैं। काऊंटर पर खड़ा व्यक्ति हाथ जोड़कर ओशो का स्वागत करता है और उनके चरण छूता है। ओशो अपना हाथ उसके सिर पर रखते हैं और नवीनतम प्रकाशनों के बारे में उससे पूछते हैं। वह व्यक्ति ओशो को दुकान के अन्दर आमंत्रित करता है और कुछ ही मिनटों में ओशो ने बत्तीस किताबें चुन ली हैं। मैं उनकी स्मृति से आश्चर्यचकित रह जाती हूं, उन्हें किताबों के नाम उनके लेखकों के नामों के साथ-साथ याद हैं।

वापस लौटते समय कार की पिछली सीट पर उनके साथ बैठे हुए, केवल उत्सुकतावश ही मैं उनसे पूछती हूं, 'ओशो, बुद्धत्व के बाद भी तरह-तरह के विषयों पर आप इतनी किताबें क्यों पढ़ रहे हैं?' वे कहते हैं, 'यह मेरे लिए सबसे कठिन कार्य है। महावीर जो कई-कई दिनो का उपवास करते थे, वह यह सारा कचरा पढ़ने की तुलना में कुछ भी नहीं है। महावीर के समय से लेकर अब तक आदमी बहुत बदल गया है। आज के बुद्धिजीवी तक बात पहुंचाने के लिए मुझे उनके तल से बोलना है। जब वे बौद्धिक रूप से संतुष्ट हो जाते हैं, तभी वे उसको समझ पाएंगे जो कि बुद्धि के पार है।'

फिर वे मुझे चेताते हैं, 'कभी भी इन सब किताबों को पढ़ने में मत खो जाना। मेरी किताबें सार हैं। वे सत्य के किसी भी खोजी को मार्गदर्शन देने के लिए पर्याप्त हैं।' आगे वे कहते हैं, 'धर्म के नाम पर चल रही सभी पुरानी पुस्तकों का कोई भविष्य नहीं है। उन सबकी जगह मेरी पुस्तकें आ जानी चाहिएं, जो भविष्य में युवावर्ग को आकर्षित कर सकती हैं।'

मैं अंधेरे में भटकती हुई मनुष्यता के लिए ओशो की करुणा को महसूस कर सकती हूं। यहां सत्य को उपलब्ध एक व्यक्ति है जो हमें मार्ग दिखाने के लिए अपने हाथों में एक जलती हुई मशाल लिए घूम रहा है।

68

पिछले कुछ समय से फिल्म इंडस्ट्री के बहुत से लोग ओशो में रुचि ले रहे हैं। कल्याणजी, महीपाल, विजय आनंद, महेश भट्ट, मनोज और इंदीवर इनमें से प्रमुख हैं। कल्याण जी संगीत निर्देशक के रूप में टॉप पर हैं। इंदीवर फिल्मों के लिए गीत लिखते हैं।

वह ओशो की देशनाओं को गीतों में ढालना चाहते हैं। मनोज प्रसिद्ध फिल्म निर्देशक व अभिनेता है।

आज मनोज ने ओशो को अपने घर पर आमंत्रित किया है। क्रॉस मैदान में शाम के प्रवचन के बाद, ओशो को सीधे ही मनोज के घर ले जाया जाता है। सड़कों पर इस समय भारी ट्रैफिक है। मैं कुछ मित्रों के साथ मनोज के घर जा रही दूसरी कार में बैठ जाती हूं।

हमारी कार ट्रैफिक जाम में कुछ समय के लिए फंस जाती है, और अंततः 9:30 बजे हम अपने ठिकाने पर पहुंच जाते हैं।

बगीचे से घिरा हुआ, यह बहुत ही सुंदर बंगला है। प्रवेश द्वार को खुला छोड़ दिया गया है ताकि लोग चुपचाप भीतर आ सकें। दरवाजे पर खड़ा चौकीदार हमारा स्वागत करता है और हाथ से इशारा करके रास्ता बता देता है। कुछ ही मिनटों में हम एक बड़े से लिविंगरूम में प्रवेश करते हैं जो लोगों से पूरी तरह भरा हुआ है। ओशो पहले ही बोलना शुरू कर चुके हैं, फिर भी हमारी ओर मुस्कुराकर देखते हैं। चुपचाप, हमें जहां भी जगह मिलती है, हम बैठ जाते हैं। ओशो से इतनी दूर बैठने पर मैं थोड़ी बेचैन होने लगती हूं। ओशो के करीब ही खाली पड़ी एक जगह पर मेरी नजर पड़ती है और भीतर से बड़ा प्रबल भाव होता है कि उनके पास जाकर बैठ जाऊं। कुछ देर तो मैं झिझकती हूं, लेकिन भाव इतना प्रबल हो रहा है कि अपने बावजूद मैं उठकर किसी तरह उनके पास पहुंचकर कुछ दूरी पर बैठ जाती हूं। वे मेरी ओर देखकर मुस्कुरा देते हैं, जिससे मेरा तनाव दूर हो जाता है और मैं शांत हो जाती हूं। मनोज और उसकी पत्नी ओशो के बहुत करीब बैठे हुए हैं। एक मित्र जो रिकार्डिंग कर रहे हैं, वह भी पास ही बैठे हैं।

यह बड़ी अनूठी बैठक है। इसे हम वार्तालाप ही कह सकते हैं। ओशो हर तरह के प्रश्नों का जवाब दे रहे हैं। मैं श्रोताओं की ओर देखती हूं, और उनमें फिल्म इंडस्ट्री के कई जाने-पहचाने चेहरे नजर आते हैं। ओशो को सुनते हुए वे सभी विमुग्ध भाव में नजर आ रहे हैं। ऐसा लगता है कि किसी को भी समय का होश नहीं रहा है। मीटिंग बस चलती ही जा रही है।

मैं घड़ी की ओर देखती हूं तो पौने बारह बज चुके हैं। मुझे ओशो के लिए चिंता होने लगती है। क्रॉस मैदान में पहले ही वे दो घंटे तक बोले हैं। यहां बोलते हुए भी अब उन्हें तीन घंटे होने को आए हैं। कल सुबह 8:00 बजे चौपाटी के पास बिरला केन्द्र में फिर एक मीटिंग का आयोजन किया गया है। मैं इन्हीं सब ख्यालों में खोई हुई हूं, और पंद्रह मिनट बाद जब मीटिंग समाप्त होती है तभी इनसे बाहर आती हूं।

चुपचाप, लोग अपनी-अपनी जगह से उठ जाते हैं और बाहर जाने लगते हैं। मनोज ओशो को रात अपने बंगले में ही रुकने का निवेदन करते हुए कहते हैं कि सुबह वह ही उन्हें चौपाटी

ले आएंगे। ओशो इसके लिए राजी हो जाते हैं और हमें कहते हैं कि हम उनकी चिंता न करें।

हम सब लोग सुबह उनको फिर से मिलने की आशा लिए बंगले से बाहर आ जाते हैं।

69

ओशो हर शाम वुडलैंड्स अपार्टमेंट के लिविंगरूम में प्रवचन कर रहे हैं, जिसमें दो सौ तक लोग आ जाते हैं। अब उन्होंने भीड़ से बोलना बंद कर दिया है। केवल उन थोड़े से ही लोगों से ही बोल रहे हैं जो उनके साथ अज्ञात में उतरने को तैयार है।

उन्होंने शिव द्वारा 'विज्ञान भैरव तंत्र' में बताई ध्यान की 112 विधियों पर बोलना शुरू किया है। इन विधियों को समझाते समय वे सुझाव देते हैं कि केवल उन्हें सुनना भर उपयोगी नहीं होगा। उससे हमें केवल बौद्धिक समझ ही मिल सकती है। अनुभव के लिए तो हमें किसी विधि का प्रयोग कम से कम तीन महीने के लिए करना होगा।

मैंने अपने लिए दो विधियां चुन ली हैं। सुबह के समय मैं 'मृत्यु अनुभव' वाली विधि करती हूं। मैं अपने सब कपड़े उतारकर जमीन पर शवासन में लेट जाती हूं और शरीर को सफेद चादर से ढक लेती हूं। शरीर को पूरी तरह से शिथिल करने के बाद 'लेट गो' की हालत में मुझे अपने भीतर इस बात का साक्षी होना है कि शरीर मर चुका है। यह कुछ न करने की, केवल साक्षी होने की विधि है। शुरुआत में तो लगातार ट्रैफिक की तरह विचार चलते रहते हैं। मैं उन्हें देखती हूं, जैसे सड़क से ट्रैफिक गुजर रहा हो। उनसे मैं कोई तादात्म्य नहीं बनाती।

कुछ हफ्तों के प्रयोग के बाद मेरा ध्यान गहराने लगता है और विचारों के बीच-बीच में मुझे मौन क्षणों की झलकियां भी मिलने लगती हैं। मैं इसे जारी रखती हूं और एक सुबह मुझे यह अहसास होता है कि जब भी ऐसे बिंदु पर मैं पहुंचती हूं कि जहां से सच में और अधिक गहरी जा सकूं, कोई भय मुझे पकड़ लेता है। मुझे लगता है कि मैं अपने कमरे में अकेली नहीं हूं। मेरा कमरा कई भटकती हुई आत्माओं से भरा हुआ है। यदि मैं ध्यान में सच ही गहरी चली जाऊं तो उनमें से कोई भी मेरे शरीर में प्रवेश कर सकती है। यह भय कई दिन तक दुहरता रहता है।

जब मैं ओशो से इस विषय में बात करती हूं तो वे मुझमें गहरे झांकते हुए गंभीरता से सुनते हैं। फिर मेज से अपना एक चित्र उठाकर उस पर हस्ताक्षर करते हैं और मुझे देकर कहते हैं, 'इसे अपने कमरे में रख ले और ध्यान शुरू करने से पहले, कुछ मिनट इसकी ओर

एकाग्रता से देखा कर।' मैं यह अमूल्य भेंट अहोभाव से उनसे स्वीकार करती हूं और उनके चरण छूती हूं। वे मेरे सिर पर हाथ रखकर मुझे आशीर्वाद देते हैं और कहते हैं, 'चिंता की कोई बात नहीं है, और ध्यान जारी रख। मैं वहीं मौजूद रहूंगा।'

मैं उनके चित्र को एक फ्रेम में जड़वाकर अपने बिस्तर के पास एक मेज पर रख लेती हूं। मेरा पूरा भय मिट चुका है और उनकी मौजूदगी को सघनता से मैं अपने कमरे में महसूस करती हूं।

70

रात के समय सोने से पहले मैं एक दूसरी विधि का प्रयोग करती हूं, जिसमें मुझे अपने बिस्तर पर लेटकर शरीर को ढीला छोड़ देना है और आंखें बंद करके तथाकथित जागरण से नींद की ओर मुड़ती हुई चेतना का जो अनुभव है, भीतर उसके प्रति जागे रहना है। मुझे इसका साक्षी होना है कि नींद कैसे घेर लेती है।

मैं कई महीनों तक इसे करती हूं पर असफल ही रहती हूं। हर सुबह मैं पाती हूं कि उस बिंदु को मैं फिर से चूक गई, लेकिन एक बड़ी अजीब घटना घट रही है।

जब मुझे सपना आने लगता है तो एकदम मैं इस बोध के साथ जाग जाती हूं कि विचार की प्रक्रिया शुरू हो गई है। मैं ओशो से इस बारे में बात करती हूं। वे कहते हैं, 'यह भी एक बड़ी उपलब्धि है। नींद में यदि तुम उस समय जाग सको जब सपना शुरू होता है तो फिर वही तुम तथाकथित जागरण की अवस्था में भी कर सकते हो।' वे मुझे यह विधि जारी रखने को कहते हैं और समझाते हैं कि कैसे साधक को अपने ऊपर उसी तरह काम करना होता है जैसे कोई वैज्ञानिक किसी प्रयोगशाला में काम करता है। साधक की प्रयोगशाला भीतर है, जहां उसे अकेले ही काम करना है और अपने साथ धैर्य रखना है। यह कपडे उतारने जैसा सरल काम नहीं है। यह स्वयं अपनी ही चमड़ी उतारने जैसा काम है।

फिर, एक क्षण के मौन के बाद वे कहते हैं, 'मैं तेरे जितना भाग्यशाली नहीं था। मेरा कोई गुरु नहीं था, मुझे अकेले ही काम करना पड़ा, लेकिन तू सौभाग्यशाली है कि तेरा कोई गुरु है जो तेरा मार्गदर्शन कर सकता है।'

मुझे गंभीर देखकर वे हंसते हुए कहते हैं, 'ध्यान के बारे में कभी भी गंभीर मत हो, बस उसे लगन से और हंसते-हंसते कर। ध्यान कुछ पाने के लिए मत कर, बस उसे करने का मजा ले।' मैं उनके शब्दों को सुनती हूं जो कि उनके शांत व प्रेम से भरे हृदय से आ रहे हैं, उनका

हृदय जो, करुणा के अतिरिक्त और कुछ भी नहीं जानता।

71

मेरे एक मित्र के पास काले जादू की एक किताब है जो उत्सुकतावश मैंने पढ़ने के लिए उससे मांग ली है। यह मेरे लिए नया विषय है और मैं इसे रोचक पाती हूं। आधी रात गए तक मैं यह किताब पढ़ती रहती हूं और जब आंखें नींद से भरने लगती है तो लाइट बुझाकर मैं किताब को अपने बिस्तर के पास पड़ी मेज पर ओशो की उस तस्वीर के आगे रख देती हूं जो उन्होंने हस्ताक्षर करके मुझे दी है। कुछ ही मिनटों में किताब जमीन पर गिर जाती है। किताब के गिरने की आवाज सुनकर मैं सोचती हूं कि मैंने किताब ठीक से नहीं रखी शायद इसीलिए वह नीचे गिर गई है।

अगली रात भी मैं यह किताब पढ़ती रहती हूं और जब नींद आने लगती है तो पिछली रात की बात याद करके पहले मैं किताब को ठीक से संभालकर ओशो की तस्वीर के आगे रखती हूं और फिर लाइट बुझाती हूं। थोड़ी ही देर में फिर से किताब के गिरने की आवाज मुझे चौंकाकर जगा देती है। मैं डर जाती हूं। लाइट जला कर देखती हूं, क्योंकि मुझे समझ नहीं आता कि आखिर हुआ क्या है। किताब जमीन पर पड़ी हुई है। मैं ओशो की तस्वीर की ओर देखती हूं तो उसे बहुत जीवंत महसूस करती हूं। वे मेरी ओर देखकर मुस्कुरा रहे हैं। मुझे बात समझ में आ जाती है और किताब को जमीन से उठाकर मैं कमरे के दूसरे कोने में रख देती हूं। अगले दिन जब मैं अपने मित्र को वह किताब लौटाती हूं और रात वाली घटना बताती हूं तो वह कहता है, 'तुम भाग्यशाली हो। तुम्हारे गुरु ने तुम्हें बचा लिया।' मैं उससे पूछती हूं, 'और तुम?' वह कहता है, 'मैं तो पूरी तरह इसमें डूबा हुआ हूं और इसे बीच में छोड़ना नहीं चाहता।'

मुझे अपने मित्र के लिए दुःख होता है, जब कुछ महीनो के बाद मैं यह सुनती हूं कि वह पागल हो गया।

72

हाल ही में, कल्याणजी ओशो में बहुत उत्सुक हो गए हैं और बम्बई के पेडर रोड के अपने घर पर उनकी बहुत-सी मीटिंग आयोजित करवा रहे हैं। वे फिल्म इंडस्ट्री के बहुत से मित्रों को ओशो को सुनने के लिए बुलाते हैं। आमतौर पर ये मीटिंगे दोपहर 2:00 बजे से शुरू होती हैं और कुछ घंटों के लिए चलती हैं।

आज जब मुझे पता चलता है कि वहां एक मीटिंग आयोजित की गई है तो मैं भी वहां जाने के लिए अधीर हो जाती हूं, लेकिन जो मित्र ओशो को कल्याणजी के घर ड्राइव करके ले जाने वाले हैं, वे ओशो से कहते हैं कि कल्याणजी उनसे व्यक्तिगत रूप से बात करना चाहते हैं और उनके साथ कोई और नहीं चल सकता। मैं इस पर विश्वास नहीं कर सकती। मुझे लगता है कि हमारे साथ कोई चाल चली जा रही है। जब ओशो चलने को तैयार हो जाते हैं तो मैं उनसे इस बारे में बात करती हूं। वे हंसकर कहते हैं, 'वहां पहुंचने का कोई न कोई रास्ता खोज लो।'

मैं और मित्रों से भी बात करती हूं जो मीटिंग में जाने को बड़े उत्सुक हैं, और हमें यह ख्याल आता है कि कल्याणजी को फोन करें। मैं डायरैक्टरी से कल्याणजी का फोन नंबर देखकर उनको फोन लगाती हूं। कल्याणजी खुद फोन उठाते हैं। जब मैं उनके घर हो रही मीटिंग के बारे में पूछती हूं तो वे बताते हैं कि हां वहां मीटिंग है, और हमें भी बेझिझक वहां आने का निमंत्रण देते हैं।

उसी समय, एक टैक्सी करके हम लोग ओशो के पहुंचने से पहले ही कल्याणजी के घर पहुंच जाते हैं। कल्याणजी बड़े प्रेम से हमारा स्वागत करते हैं। लगभग सौ लोग उनके लिविंगरूम में पहले से ही बैठे हुए हैं। वह विशेष अतिथियों की तरह हमारा सत्कार करते हैं और ओशो की गद्दी के पास ही हमारे लिए जगह बना देते हैं।

कुछ ही मिनटों में, ओशो कमरे में प्रवेश करते हैं, सबको हाथ जोड़कर वे नमस्कार करते हैं और हमको पहले से ही वहां बैठा हुआ देखकर शरारती ढंग से हमारी ओर देखकर मुस्कुराते हैं। कल्याणजी गले मिलकर ओशो का स्वागत करते हैं और उनके करीब ही बैठ जाते हैं। जो मित्र ओशो को ड्राइव करके लाए हैं, वह गुस्से से हमारी ओर देखते हैं, और फिर मेरे कान में कहते हैं, 'तुम लोग यहां क्यों आए हो?' मैं उनसे कहती हूं, 'आप चिंता मत करो। हम कल्याणजी के मेहमान की तरह से आए हैं।' अपने गुस्से को दबाकर वह

मित्र चुप रह जाते हैं।

ओशो कल्याणजी से पूछते हैं कि वे अकेले में कोई बात करना चाहते हैं। हम कल्याणजी की यह बात सुनकर हैरान रह जाते हैं कि उन्हें अकेले में कोई बात नहीं करनी है, बल्कि उनका तो कोई प्रश्न भी नहीं है।

ओशो उन मित्र की ओर देखते हैं जिन्हें इस मीटिंग के सम्बंध में गलत सूचना दी थी, और वह मित्र झूठ बोलने के कारण शर्म से अपना सिर झुका लेते हैं।

कल्याणजी ने संगीत की एक नई धुन बनाई है और वह ओशो से पूछते हैं क्या वे उसे सुनना पसंद करेंगे? ओशो इसके लिए राजी हो जाते हैं। दस मिनट के लिए इस धुन का ग्रामोफोन रिकॉर्ड बजाया जाता है। संगीत बहुत मधुर है और मैं देखती हूं कि ओशो उसका आनंद ले रहे हैं। उन्होंने अपनी आंखें बंद कर ली हैं और संगीत की धुन के साथ-साथ अपनी उंगलियों से अपने घुटने पर धीमे-धीमे ताल दे रहे हैं। संगीत के खत्म होने पर कुछ देर के लिए बिल्कुल मौन छा जाता है। फिर ओशो का संगीत शुरू होता है। वे दो घंटे तक यह समझाते हुए बोलते हैं कि कैसे संगीत ध्यान के लिए उपयोगी हो सकता है। उसके बाद वे अलग-अलग विषयों पर पूछे गए हर प्रकार के प्रश्नों का जवाब देते हैं।

मुझे दु:ख होता है कि किसी को भी यह प्रवचन रिकॉर्ड करने का ख्याल नहीं आया। मैं सोचती हूं कि हमारी बेहोशी के कारण ओशो के और न जाने कितने प्रवचन बिना रिकॉर्ड किए हुए रह गए होंगे।

73

नारगोल ध्यान शिविर समाप्त हो चुका है। चार मित्र अपनी कारों से बंबई जाने के लिए तैयार हैं। बंबई तक कोई 6 से 7 घंटे का सफर है। ओशो भी कार से बंबई जाने के लिए राजी हो गए हैं।

ये सभी मित्र चाहते हैं कि ओशो उनकी कार में चलें। जब मैं ओशो को यह बात बताती हूं, तो वे कहते हैं, 'यही मुश्किल है। मैं जिसकी भी कार में जाऊंगा, बाकी तीन नाखुश हो जाएंगे। इससे अच्छा है कि मैं गाड़ी से ही चला जाता।' वे फैसला हमारे ऊपर ही छोड़ देते हैं।

मैं मित्रों से कहती हूं, 'हम यह देख लेते हैं कि ओशो को छ: घंटे तक बैठने के लिए कौन-सी कार सबसे ज्यादा आरामदेह होगी।' हम सब एक फिएट कार के लिए सहमत हो जाते हैं जो कि बिल्कुल नई है।

सुबह 7:00 बजे सभी कारें चलने के लिए तैयार हैं। अपना टोस्ट और चाय का नाश्ता लेने के बाद, ओशो अपने कमरे से बाहर निकलते हैं, हाथ जोड़कर सबको नमस्ते करते हैं और उस कार की पिछली सीट पर बैठ जाते हैं जो उनके लिए चुनी गई है। वह मित्र आगे की सीट पर ड्राइवर के साथ बैठ जाते हैं। हम सभी एक पंक्ति में उन्हें विदा देने के लिए खड़े हुए हैं। जैसे ही ड्राइवर कार स्टार्ट करता है, ओशो हाथ हिलाकर हम सबको विदा देने लगते हैं और कुछ ही मिनटों में कार हमारी नजरों से ओझल हो जाती है। हम लोग दौड़कर बाकी बची हुई तीन कारों में अपनी अपनी जगह ले लेते हैं। मैं जिस कार में बैठी हुई हूं, उसे जो मित्र चला रहे हैं उन्होंने ओशो की कार तक पहुंचने की ठानी हुई है, इसलिए बहुत तेजी से ड्राइव कर रहे हैं। रास्ते में आने वाले हर वाहन को वह ओवरटेक करते जा रहे हैं।

करीब आधे घंटे बाद दूर से मुझे दिखाई पड़ता है कि कोई कार एक पेड़ के नीचे खड़ी है और ओशो उसके पास ही खड़े हैं। मैं मित्र को कार धीमी करके रोकने के लिए कहती हूं ताकि पता लगाएं कि क्या हो गया है।

कुछ ही मिनट में हम वहां पहुंच जाते हैं और पता लगता है कि कार में कुछ खराबी हो गई है। ड्राइवर किसी मैकेनिक को खोजने गया है। मैं अपनी सीट खाली करके, ओशो को इस कार में बैठने के लिए कहती हूं। वे काफी थके हुए लग रहे हैं। चारों ओर काफी धूल-धंवास है। ओशो इस कार में बैठने के लिए राजी हो जाते हैं और मुझे अगली कार में आने को कहते हैं। यह मित्र ओशो को अपनी कार में बिठाकर बहुत प्रसन्न हो जाते हैं।

मैं सड़क के किनारे खड़ी सैकड़ों वाहनो को गुजरते देखती रहती हूं। हमारी अगली कार के पहुंचने में दस मिनट लगते हैं, जिसमें मैं बैठ जाती हूं। ये दस मिनट मेरे लिए अनंतकाल जैसे रहे, और मैं बहुत थक जाती हूं। मैं मित्रों को बताती हूं कि क्या हुआ था, और हम सभी सोचते हैं कि ओशो के लिए हमने गलत कार चुन ली थी। मैं इतनी थकी हुई हूं कि आंखें बंद करते ही मुझे नींद आ जाती है।

कार अचानक एक झटके से रुकती है तो मेरी नींद खुल जाती है। मैं अपनी आंखों पर विश्वास नहीं कर पाती जब मैं ओशो को सड़क के किनारे एक पेड़ के नीचे खड़ा देखती हूं। मैं अपनी आंखें मल-मलकर देखती हूं, लेकिन यह कोई सपना नहीं है। दूसरी कार भी खराब हो गई है। मैं फिर से ओशो के लिए अपनी सीट खाली कर देती हूं। अंततः ऐसे कारें बदलते हुए हम सभी बंबई पहुंच जाते हैं, जैसे कोई खेल खेल रहे हों।

शाम को जब हम ओशो से मिलते हैं, तो एक मित्र रास्ते में कारों के खराब होने के बारे में बात करने लगते हैं। ओशो कहते हैं, 'बेचारी कारों को दोष मत दो। यह सब मुझे अपनी-अपनी कारों में बिठाने की तुम्हारी इच्छा के कारण हुआ। मेरे साथ, तुम्हें इस बात का बहुत

ख्याल रखना पड़ेगा कि तुम क्या इच्छा कर रहे हो।'

फिर उन्होंने हमें उस व्यक्ति की कहानी सुनाई जो कल्पवृक्ष के नीचे बैठा था, और उसे पता नहीं था कि कल्पवृक्ष है। जब उसे भूख लगी तो वह स्वादिष्ट भोजन की कामना करने लगा, और उसी समय स्वादिष्ट भोजन उसके सामने प्रकट हो गया। उसे इतनी भूख लगी हुई है कि वह हवा में से भोजन प्रकट होने की बात सोचता भी नहीं। उसे नींद आती है तो वह आरामदेह बिस्तर की कामना करता है और वह भी झट से प्रकट हो जाता है। वह बिस्तर पर लेट जाता है और सोचता है कि यह हो क्या रहा है? अंधेरा घिर रहा है और जंगल में अकेले उसे डर लगने लगता है कि कहीं कोई शेर आकर उसे मार न दे। उसकी अंतिम इच्छा भी पूरी हो जाती है। एक शेर प्रकट होकर उसे मार डालता है।

ओशो से सुंदर कहानी और कोई नहीं कह सकता। उनके हाथों के इशारों को देखते हुए, हम सब इस कहानी का बहुत मजा लेते हैं और बहुत हंसते हैं।

फिर वे कहते हैं, 'यह एक पारलौकिक कहानी है, लेकिन इसका बड़ा गहरा अर्थ है। तो जब तुम मेरे आस-पास हो तो अपनी इच्छाओं के बारे में सचेत रहो।'

74

ओशो जब वुडलैंड्स, बंबई में हैं तो मनाली में सबसे पहले संन्यास लेने वाले संन्यासियों का ग्रुप लगभग रोज ही उनसे मिलने के लिए जा रहा है।

आज मैं मां योग भगवती के साथ ओशो से मिलने जाती हूं और वे हमसे पूछते हैं कि 'क्या हम लोग माउंट आबू में होने वाले अगले ध्यान शिविर में आ रहे हैं।' मैं उनसे कहती हूं, 'ओशो, मैं इस शिविर में नहीं आ रही हूं। मैं बहुत थकी हुई हूं, और मुझे थोड़े आराम की जरूरत है।' वे हंसते हैं और फिर उनकी नजरें भगवती की ओर उठती हैं। ओशो जब उससे पूछते हैं तो वह भी ना ही कहती है, क्योंकि उसके भाई के बच्चों की परीक्षाएं आने वाली हैं और उसे उन्हें पढ़ाना है।

मुझे आश्चर्य होता है, जब ओशो उससे कहते हैं कि, 'यदि तुम मर जाओ तो उन बच्चों की पढ़ाई का क्या होगा? उसे ऐसी व्यर्थ की जिम्मेदारियां नहीं लेनी चाहिए।'

भगवती को उलझन में देख ओशो उससे कहते हैं कि, जैसा वे कह रहे हैं वह वैसा ही करे। ऐसा कहते हुए वे उठ खड़े होते हैं और बाथरूम में चले जाते हैं। कोई और उपाय न देख भगवती शिविर में जाने का निर्णय ले लेती है और हम दोनों ओशो के कमरे से बाहर निकल

आती हैं। हम दोनों ही हैरान हैं।

मैं हैरान हूं कि ओशो ने मुझसे शिविर में चलने का आग्रह क्यों नहीं किया? भगवती भी हैरान है कि ओशो ने उसे शिविर में चलने का इस तरह आग्रह क्यों किया? साधारणतः ओशो ऐसा नहीं करते। वे सदा लोगों को अपने आप निर्णय लेने देते हैं। अधिक से अधिक वे पूछे जाने पर सुझाव ही देते हैं कि उन्हें क्या सही लगता है?

माउंट आबू में पांच दिन का ध्यान शिविर है और ओशो जब वहां के लिए चले जाते हैं तो मुझे आराम-सा लगता है। जब वे बंबई में होते हैं तो मैं अपने घर से सुबह 7:30 बजे निकलती हूं और रात 11:30 बजे ही घर वापस आ पाती हूं। कई बार मैं सोचती हूं कि शाम के प्रवचन में न जाऊं, लेकिन जैसे ही शाम होती है कोई अनजानी शक्ति मुझे वुडलैंड्स की ओर खींचे लिए जाती है। ओशो किसी छुट्टी में विश्वास नहीं करते। उनका प्रवचन रोज ही होता है। इन दिनों मैं शाम को खाली होती हूं और मजे से आराम करते हुए भगवद्गीता पर शुरू होने वाली प्रवचनमाला के लिए स्वयं को तैयार कर रही हूं। यह प्रवचनमाला ओशो के बंबई लौटते ही शुरू होने वाली है।

मुझे क्रॉस मैदान में बुकस्टाल को संभालना है। हम इस समय मुश्किल से आठ या दस लोग हैं जो सक्रिय रूप से ओशो के काम में संलग्न हैं और भगवती उनमें से एक है।

75

यह सप्ताह बड़ी तेजी से बीत गया है और ओशो माउंट आबू से वापस आ गए हैं। आज शाम 6:30 बजे उन्होंने नई प्रवचनमाला शुरू की है। करीब दस हजार लोग उन्हें सुनने के लिए क्रॉस मैदान में इकट्ठे हुए हैं। बुकस्टाल पर बहुत भीड़ है और मुझे भगवती के बारे में चिंता हो रही है, जो मेरी मदद करने के लिए अभी तक नहीं पहुंची है। प्रवचन शुरू हुए कोई डेढ़ घंटा हो चुका और अभी तक भगवती का कोई अता-पता नहीं। किसी तरह, कुछ और मित्रों की मदद से मैं बुकस्टाल को संभाले हुए हूं।

प्रवचन जैसे ही समाप्त होता है भगवती का एक मित्र दौड़ता हुआ मेरे पास आता है और बताता है कि भगवती का एक्सीडेंट हो गया है। भगवती चलती ट्रेन से नीचे गिर पड़ी है और उसे हॉस्पिटल ले जाया गया है, लेकिन किसी को यह नहीं पता कि यह सब कैसे हुआ? भगवती अभी बेहोश है लेकिन खतरे से बाहर है। उसकी टांग टूट चुकी है।

मैं एक गहरी सांस लेती हूं और मेरा दिमाग बिल्कुल खाली-सा हो जाता है। मैं कुछ सोच

ही नहीं पाती और उस मित्र को गले से लगा लेती हूं जो बिल्कुल आंसुओं में डूबा जा रहा है। अब तो बहुत देर हो चुकी है, सो हम फैसला करते हैं कि उसे देखने कल शाम को हॉस्पिटल जाएंगे।

76

जब हम भगवती के कमरे में पहुंचते हैं वह हमें देखकर मुस्कुराती है। उसके दाएं टांग पर पलस्तर चढ़ा हुआ है। मैं उसका हाथ थामती हूं जो कि बिल्कुल ठंडा पड़ा हुआ है। उसकी आंखों में झांकती हूं तो पाती हूं कि आंखें आंसुओं से भरी हैं। मैं उसका दर्द महसूस कर सकती हूं और मेरी भी आंखों से आंसू टपक पड़ते हैं।

वह मेरे हाथ को दबाती है और कहती है, 'ओशो ने मुझे बचा लिया। मैंने तो यह चमत्कार घटते देखा। लोकल ट्रेन से मैं प्रवचन के लिए आ रही थी। चर्चगेट स्टेशन के पास ट्रेन जैसे ही आहिस्ता हुई, मैं दरवाजे पर आकर खड़ी हो गई। एक लड़के ने मेरा हैंडबैग खींचना चाहा और मेरा संतुलन बिगड़ गया। मैं चलती ट्रेन से प्लेटफार्म पर गिरी, जहां से फिसलकर रेलवे लाइन पर जा पड़ी। लाइन और प्लेटफार्म के बीच बड़ी थोड़ी-सी जगह थी, लेकिन मैंने देखा कि मेरा शरीर उस थोड़ी-सी जगह में सीधा पड़ा हुआ है और गाड़ी के पहिए मुझे लगभग छूते हुए ही मेरे पास से गुजर रहे थे। जब ट्रेन रुकी तो लोगों ने मुझे बाहर निकाला और मैं बेहोश हो गई।' यह घटना सुनाते हुए भगवती की आंखें अपने गुरु के प्रति श्रद्धा से चमक रही हैं। उसके पास दस मिनट बैठने के बाद हम बाहर आ जाते हैं और डॉक्टर से मिलते हैं। डॉक्टर हमें बताता है कि भगवती की टांग तीन महीने में बिल्कुल ठीक हो जाएगी।

भगवती ने पूरी स्थिति को अहोभाव से स्वीकार कर लिया है। दो सप्ताह हॉस्पिटल में रहने के बाद भगवती घर आ जाती है और पलस्तर उतरने तक बिस्तर पर ही आराम करती है। ये ढाई महीने उसके लिए वरदान की तरह सिद्ध हुए हैं। मैं लगभग रोज ही उससे मिलने जाती हूं और पाती हूं उसका रुपांतरण इतना गहरा हो रहा है कि उसके चेहरे पर भी झलकने लगा है। उसके पास कुछ और करने को है ही नहीं। बस ओशो के टेप प्रवचन सुनती है और ध्यान करती है। अपने अनुभव भी वह मुझे सुनाती है। ओशो से मैं जब भी मिलने जाती हूं तो वे उसका हालचाल पूछते हैं।

किसी तरह, तीन महीने बीत जाते हैं और उसका पलस्तर उतारा जाता है। वह बैसाखियों के सहारे चलना शुरू कर देती है, लेकिन जो टांग टूटी थी वह दूसरी टांग से थोड़ी छोटी हो

गई है। वह डॉक्टर को दिखाती है तो वह कहता है, उसके लिए छोटा-सा ऑपरेशन करना पड़ेगा जिसके लिए भगवती तैयार हो जाती है।

ओशो को जब इस बारे में बताया जाता है तो वे उसे संदेश भेजते हैं कि ऑपरेशन के लिए हॉस्पिटल जाने से पहले एक बार उनसे मिलकर जाए।

77

भगवती बहुत खुश है। आज दोपहर वह ओशो से चार महीने बाद मिलने वाली है। ऑपरेशन कल सुबह ग्यारह बजे का तय है। आज दोपहर ही उसे हॉस्पिटल पहुंच जाना है।

दोपहर तीन बजे हम टैक्सी से वुडलैंड्स पहुंच जाते हैं। ओशो मुस्कुराते हुए भगवती का स्वागत करते हैं और उसकी आंखों से अहोभाव के आंसू टपक पड़ते हैं। वह ओशो के चरण स्पर्श करती है और ओशो उसके सिर पर अपना हाथ रख देते हैं। मुझे महसूस होता है कि हमारे आस-पास कुछ अद्‌भुत घट रहा है। सभी मौन हैं। शायद ओशो भगवती पर शक्तिपात कर रहे हैं। मैं देख रही हूं कि भगवती के चेहरे के चारों ओर एक आभामंडल दमक रहा है। ओशो अपनी आंखें खोलकर मुस्कुराते हैं और कहते हैं, 'अच्छा भगवती।'

मेरी ओर देखकर ओशो कहते हैं, 'ज्योति अपना ख्याल रखना।' और फिर वे बाथरूम में चले जाते हैं। मैं भगवती का हाथ पकड़ती हूं जिसमें गर्माहट है और जो ऊर्जा से लबालब भरा है।

हम समय से हॉस्पिटल पहुंच जाते हैं जहां सब प्रबन्ध भली भांति किए जा चुके हैं। भगवती का मित्र भी वहां पहुंच जाता है। कल सुबह पाटकर हॉल में ओशो का प्रवचन है और हम तय करते हैं कि प्रवचन के बाद कुछ संन्यासी हॉस्पिटल पहुंच जाएंगे और ऑप्रेशन के समय मौजूद रहेंगे। भगवती काफी उत्साहित हैं। मैं उसे गले लगाती हूं और घर वापस लौट आती हूं।

78

आज सुबह 8:30 बजे ओशो पाटकर हॉल में महावीर पर बोल रहे हैं। प्रवचन के बाद करीब 10:00 बजे, कबीर और करुणा हॉस्पिटल चले जाते हैं और मैं भगवती के पास शाम

को जाने का सोच अपने ऑफिस चली जाती हूं। करीब 12:00 बजे मुझे लक्ष्मी का फोन आता है कि 'भगवती की हालत गंभीर है और मैं उसके माता-पिता को यह संदेश भिजवा दूं।' भगवती के घर कोई फोन नहीं है। मुझे कुछ समझ नहीं आता, सो मैं भगवती को देखने निकल पड़ती हूं।

टैक्सी पकड़ कर पंद्रह मिनट में मैं हॉस्पिटल पहुंच जाती हूं। वहां हॉस्पिटल के बरामदे में भगवती की चाची को रोता देख मैं हक्की-बक्की रह जाती हूं। मैं दौड़ी-दौड़ी भगवती के कमरे में पहुंचती हूं, जहां से एक नर्स मुझे ऑप्रेशन थियेटर में ले जाती है। मुझे अपनी आंखों पर भरोसा नहीं आता जब मैं भगवती की चादर से ढकी मृतकाय देखती हूं। उसका चेहरा एकदम शांत है जैसे कि वह गहरे ध्यान में हो। उसे देख मेरा मन एकदम शून्य हो जाता है। मैं उसके सिर को छूती हूं जो एकदम ठंडा है, और रो पड़ती हूं। भगवती के मित्र जो गीता के श्लोक पढ़ रहे हैं, उठकर मुझे गले लगा लेते हैं। धीरे-धीरे मुझे ओशो के शब्द याद आते हैं, 'ज्योति अपना ख्याल रखना' और मैं शांत हो जाती हूं।

ऑप्रेशन थियेटर में बैठे हुए मुझे पूरा घटनाक्रम याद आता है : 1. किस प्रकार ओशो भगवती से माउंट आबू के शिविर में चलने का आग्रह करते हैं, 2. किस प्रकार वह रेल दुर्घटना से बच जाती है और अपनी मृत्यु की तैयारी के लिए उसे चार महीने मिल जाते हैं, 3. ऑप्रेशन से पहले उससे मिलने पर कैसे ओशो उस पर अपनी ऊर्जा उंडेलते हैं। मुझे पूरा विश्वास है कि ओशो उसकी आसन्न मृत्यु के बारे में अच्छी तरह जानते थे, जो कि उनके द्वारा भगवती को लिखे अंतिम पत्र से भी स्पष्ट हो जाता है।

प्यारे ओशो, आपकी करुणा अपार है।

79

भगवती की इस अचानक मृत्यु ने मेरे मन पर गहरा प्रभाव डाला है और भीतर एक उदासी-सी छा जाती है। मैं शाम के प्रवचनों के लिए नियमित रूप से वुडलैंड्स जा रही हूं। ऑफिस छूटने के बाद मैं 6:00 बजे तक सीधी वुडलैंड्स पहुंच जाती हूं और रसोई में ओशो की थाली (जिसमें उन्होंने अपना भोजन किया है) उनके कमरे से लाए जाने का इंतजार करती हूं। उनकी थाली में कुछ न कुछ भोजन जरूर बचा होता है, और महाराज मुझे दो चपाती खाने के लिए देता है। इन दिनों मैंने दोपहर का भोजन लेना छोड़ दिया है और यही मेरे पूरे दिन का एकमात्र भोजन होता है। मैं ओशो की थाली में से बड़े आनंद

से खाती हूं। हर रोज उनका प्रसाद खाकर मैं धन्य अनुभव करती हूं।

80

आज 11 दिसंबर है और वुडलैंड्स अपार्टमेंट में उनके जन्मदिन का उत्सव आयोजित किया गया है। पूरा कमरा भरा हुआ है और कुछ लोग सीढ़ियों पर भी खड़े हुए हैं। अपार्टमेंट का मुख्य प्रवेश द्वार खुला छोड़ दिया गया है।

ओशो अपने कमरे से बाहर आते हैं और सबको नमस्कार कर कुर्सी पर अपनी चिर-परिचित मुद्रा में बाईं टांग पर टांग रखकर बैठ जाते हैं। आज वे बहुत चमक रहे हैं। कुछ क्षण के लिए बिल्कुल मौन छा जाता है और फिर ओशो कोई एक घंटे तक जन्मदिन मनाने के रिवाज पर प्रवचन देते हैं। मैं उन्हें यह कहते हुए सुनती हूं, 'जिस दिन तुम पैदा होते हो, मरने की प्रक्रिया शुरू हो जाती है। हर रोज तुम जी भी रहे हो और मर भी रहे हो। जब तक तुम अपने भीतर जीवन के स्रोत को न जान लो, जो न कभी पैदा होता है और कभी मरता है, तब तक तुम जन्म और मृत्यु की पीड़ा झेलते रहोगे।' वे मृत्यु के बारे में बहुत विस्तार से बोलते हैं। उनको सुनते-सुनते मेरी उदासी मेरे भीतर के अनंत आकाश में विलीन होने लगती है।

प्रवचन के बाद कीर्तन शुरू हो जाता है और मित्र एक-एक करके आगे आते हैं, उनके चरण छूते हैं और प्रसाद लेकर बाहर आ जाते हैं ताकि दूसरे मित्रों के लिए जगह बन सके।

बहुत से मित्र ओशो के लिए उपहार लाए हैं और यहां मैं हूं कि अपने सद्गुरु से उपहार लेने के लिए खाली हाथ और खाली हृदय लिए बैठी हूं। जब उत्सव समाप्त हो जाता है तो ओशो कुर्सी से उठकर सबको नमस्कार करतें हैं और प्रसादपूर्वक चलते हुए अपने कमरे में चले जाते हैं। मैंने कभी भी उन्हें जल्दबाजी में नहीं देखा। वे जहां भी होते हैं, बड़े विश्राम में नजर आते हैं। धीरे-धीरे लोग वापस लौटने लगते हैं लेकिन मैं उन्हें उनके कमरे में जाकर फिर से देखने की आकांक्षा लिए वहीं बैठी रहती हूं। कुछ समय बाद मुझे उनके कमरे में जाने दिया जाता है। जब मैं उनके कमरे में प्रवेश करती हूं तो देखती हूं कि वे कुर्सी पर बैठे कोई किताब पढ़ रहे हैं। मुझे भीतर आता देख वे किताब एक ओर रख देते हैं और धीमे से हंसते हैं। मैं उनके चरण छूकर उनके पास ही फर्श पर बैठ जाती हूं। वे कहते हैं, 'आज तू अच्छी लग रही है।' मैं कहती हूं, 'हां, ओशो, आज मैं बहुत खुश हूं। जन्म और मृत्यु पर आपके प्रवचन को सुनकर मेरी सारी उदासी दूर हो गई है।' वे अपना हाथ मेरे सिर पर रखते हैं और मेरे मन की हलचल कुछ देर को रुक जाती है जब वे अपना हाथ हटाते हैं तो मैं उनकी आंखों में झांकती

हूं। वे मुस्कुराकर पूछते हैं यदि मुझे कुछ कहना है। अचानक मेरी अचेतन इच्छा उभर आती है और मैं उनसे कहती हूं, 'ओशो, आज आपका जन्मदिन है, मुझे आपसे कोई उपहार चाहिए।'

वे हंसते हैं और क्रांति को अपनी अलमारी से मेरे लिए एक शॉल निकाल लाने को कहते हैं। मुझे अपनी शॉल देते हुए वे कहते हैं, 'इसे भगवा रंग में रंगवा ले और ध्यान करते समय इसे पहना कर।' मैं इस अमूल्य उपहार को दोनों हाथों में संभालती हूं और नाचता हृदय लिए कमरे से बाहर आ जाती हूं।

81

भविष्य में देख पाने की ओशो की क्षमता गजब की है। 1971 में धीरे-धीरे कुछ पाश्चात्य मित्र आकर संन्यास में दीक्षित होने लगते हैं।

बंबई की करुणा को अमेरिकन प्रतिमा के साथ न्यूयार्क में पहला ओशो ध्यान केंद्र शुरू करने के लिए वहां भेजा गया है। ओशो कहते हैं कि हजारों लोग उनके पास आना शुरू हो गए हैं और नव संन्यास आंदोलन पूरे विश्व में जंगल की आग की तरह फैलने वाला है।

वे लक्ष्मी से और जगह खोजने को कहते हैं। एक मित्र को लिखे गए किसी पत्र में ओशो यह स्पष्ट कर देते हैं कि अब उन्हें एक ही जगह पर रहना है। उनकी यात्राएं पूरी हो चुकी हैं और अब प्यासों को कुंए के पास आना पड़ेगा।

बंबई और उसके आस-पास की जगहों में काफी खोजबीन के बाद पूना के कोरेगांव पार्क में 33 नंबर का बंगला खरीद लिया जाता है।

21 मार्च 1974 की सुबह बहुत से मित्र वुडलैंड्स अपार्टमेंट के लिविंगरूम में ओशो का संबोधि दिवस मनाने के लिए इकट्ठे हुए हैं।

आज दोपहर ओशो कार से पूना के लिए रवाना हो जाएंगे। मां तरु कुछ और मित्रों के साथ मिलकर कीर्तन शुरू कर देती हैं। सभी को उनके चरण स्पर्श करने दिया जाता है और उसके बाद सबको प्रसाद मिलता है। मैं भी उनके साथ पूना जाने के लिए सुबह ही अपना सूटकेस लेकर आ जाती हूं। मैं उनके बिना बंबई में रहने की कल्पना भी नहीं कर सकती। एक दफा यदि वे चले जाते हैं, तो मुझे लगता है कि बंबई मेरे लिए वीरान हो जाएगी। उत्सव कुछ घंटों तक चलता रहता है। लगभग सभी रो रहे हैं। मैं थोड़ी दूर हटकर अकेली खड़ी ओशो की ओर देख रही हूं, जिनके चेहरे पर जरा भी उद्विग्नता नहीं है। वे हमेशा की तरह शांत और तरो-ताजा लग रहे हैं। उनके बंबई छोड़ने से मुझ पर जरा भी असर नहीं पड़ा है क्योंकि

मैं जानती हूं कि मैं पूना में उनके साथ रहने वाली हूं।

उत्सव समाप्त हो जाने के बाद ओशो अपना भोजन लेकर कुछ देर आराम करते हैं। 2:30 बजे उनकी कार फूलों से सजी तैयार खड़ी है। बहुत से लोग उन्हें विदा देने के लिए फिर से इकट्‌ठे हो गए हैं। ओशो नीचे आकर सबको नमस्कार करते हुए कार की ओर बढ़ जाते हैं। कुछ मित्र फूट-फूटकर रोने लगते हैं। पूरा दृश्य बहुत ही हृदय विदारक है। उनके प्रियतम उन्हें छोड़कर जा रहे हैं।

लक्ष्मी ड्राइवर की सीट पर पहले से ही बैठी हुई है, ओशो जाकर पिछली सीट पर बैठ जाते हैं। मुझे स्वामी कृष्ण अरूप की नई फिएट कार में जगह मिल जाती है और उसी कार में ओशो के चाचाजी भी आ रहे हैं। एक कार में कैमरे वाले बैठे हुए हैं जो इस ऐतिहासिक घटना की वीडियो फिल्म बना रहे हैं। कुछ ही मिनटों में सभी कारें दूसरे वाहनों से आगे निकलने की कोशिश करती हुई सड़क पर दौड़ रही हैं।

अलविदा बंबई।

82

कृष्ण अरूप ओशो की कार के साथ-साथ चलना चाहते हैं, इसलिए वह दूसरे वाहनों को ओवरटेक करते हुए बहुत तेजी से ड्राइविंग कर रहे हैं। परिणामतः उनकी कार का एक टायर पंचर हो जाता है और एक वीरान-सी जगह पर कार को रोकना पड़ता है। टायर बदले जाने में करीब-करीब एक घंटा लग जाता है, और तब तक मैं एक पेड़ के नीचे बैठी-बैठी बहुत बेचैन हो रही हूं।

जब तक हम पूना पहुंचते हैं तब तक पूना के मित्रों द्वारा ओशो के स्वागत का कार्यक्रम पूरा हो चुकता है। संबोधि दिवस का उत्सव बंगला नंबर 17 के सामने शुरू हो चुका है। ओशो सफेद चादर से ढकी एक बड़ी-सी मेज पर आलथी-पालथी लगाकर बैठे हुए हैं। कीर्तन चल रहा है और लोग लाइन से उनके चरण छूने के लिए आ रहे हैं। काफी भीड़ है। मैं भी यह अवसर नहीं छोड़ती और एक बार फिर से उनके चरण छूने के लिए लाइन में लग जाती हूं। उनके पास होने की यह प्यास तो कभी न बुझने वाली लगती है। मैं जितना पीती हूं, उतनी ही प्यासी महसूस करती हूं। जब मैं उनके पास पहुंचती हूं, वे मुझे बड़ी शरारत भरी मुस्कान से देखते हैं, जिसका अर्थ मैं नहीं समझ पाती। उत्सव समाप्त होने के बाद ओशो उठकर खड़े हो जाते हैं और सबको नमस्कार कर लक्ष्मी के साथ बंगला नंबर 33 की ओर चले जाते हैं। मैं

कुछ मित्रों के साथ भोजन करने चली जाती हूं और रात को एक होटल में ठहर जाती हूं। अब तक मैं बहुत थक भी चुकी हूं और जल्दी सो जाना चाहती हूं।

मैं ओशो के बारे में सोचती हूं और मुझे लगता है कि सारा दिन लोगों से मिल-मिलकर वे कितना थक गए होंगे। रात को अपने ध्यान के समय मैं उनके लिए प्रार्थना करती हूं कि उन्हें नई जगह पर अच्छी तरह से नींद आए।

83

लगभग आठ घंटे गहरी नींद में सोने के बाद मैं सुबह बहुत तरो-ताजा उठती हूं। हमारा होटल बड़े-बड़े वृक्षों से घिरा है, इस समय इन पर चिड़ियां चहचहा रही हैं। खुले बरामदे में बैठकर अपनी सुबह की चाय पीते हुए ऐसा लग रहा है जैसे मैं स्वर्ग में हूं। यहां बंबई से बहुत अलग-सा लग रहा है। हर चीज शांत लग रही है। मैं खुश हूं कि ओशो बंबई से यहां चले आए हैं।

9:00 बजे तक तैयार होकर मैं ओशो से मिलने के लिए चली जाती हूं। मां लक्ष्मी मुझसे मिलती हैं और मुझे घुमाकर घर व बगीचा दिखाने लगती हैं। यह जगह ओशो के लिए बिल्कुल ठीक लगती है। अब वे अपने बगीचे में घूम सकते हैं, अपने लॉन में बैठ सकते हैं, जहां उन्हें कोई परेशान नहीं करेगा।

दोपहर को मैं दोबारा ओशो से मिलने आती हूं। वे बगीचे में एक कुर्सी पर अपनी आंखें बंद किए बैठे हैं। मैं उनके करीब जाकर चुपचाप नीचे फर्श पर उनकी बांयी ओर बैठ जाती हूं। पेड़ों पर चहचहाते पक्षियों की आवाज को छोड़कर बाकी सब कुछ एकदम शांत है। अचानक पास से ही किसी गाड़ी के गुजरने की बड़ी तेज आवाज आती है। मुझे ऐसा लगता है जैसे शांति भंग हो गई, लेकिन जैसे ही गाड़ी की आवाज खतम होती है, शांति और भी ज्यादा गहरा जाती है। कुछ समय बाद, ओशो अपनी आंखें खोलते हैं और मेरी ओर मुस्कुराकर देखते हैं। वे मुझसे पूछते हैं, 'तू बंबई कब वापस जा रही है?' मैं उनसे कहती हूं, 'ओशो, मैं बंबई वापस जाना नहीं चाहती। मैं पूना में ही रहना चाहती हूं।' वे मुझसे पूछते हैं कि क्या मुझे वहां पर कोई समस्या है? मैं उन्हें बताती हूं कि समस्या तो कोई भी नहीं है। तब वे मुझे विस्तार से समझाते हैं कि वे त्याग के पक्ष में नहीं हैं। मुझे अपना काम जारी रखते हुए घर में ही रहना चाहिए, और जब भी संभव हो पूना आती रहूं।

वापस जाने में मेरी अनिच्छा को देखते हुए वे कहते हैं, 'बंबई में तुझे मेरा काम करना

है, और जब ठीक समय आएगा मैं तुझे बुला लूंगा।' मैं रोने लगती हूं और उनकी ओर देखती हूं। वे हंसकर कहते हैं, 'तू आंसुओं में और भी सुंदर लगती है।' आंखों में आंसू लिए हुए ही मैं हंस पड़ती हूं और वे अपना हाथ मेरे सिर पर रखकर कहते हैं, 'शाबास', मैं उनके चरण स्पर्श करती हूं और निराशा से व्यथित हृदय लिए लौट आती हूं।

84

शाम की गाड़ी से मैं बंबई के लिए चल पड़ती हूं। भीतर से मैं बहुत उदास और खाली-खाली महसूस कर रही हूं। खिड़की के पास वाली सीट पर बैठकर मैं आंखें बंद कर लेती हूं। जब गाड़ी चल पड़ती है तो मैं बाहर पहाड़ों से घिरे दूर-दूर तक फैले खेतों की ओर देखने लगती हूं। मैंने इसी गाड़ी पर ओशो के साथ भी सफर किया है और मुझे याद आ रहा है कि उस समय सब कुछ कितना आनंददायी और उत्सव भरा था। आज सब कुछ एकदम बदला हुआ है। ऐसा लग रहा है जैसे हर चीज पर उदासी छा गई हो। मुझे ओशो के ये वचन याद आते हैं, 'जब तुम उदास हो, तो अपनी उदासी का भी आनंद लो।' यह सुनने में आसान लगता है, लेकिन इस पर अमल करना लगभग असंभव ही है। मैं तो उदासी से पीड़ित हूं। मैं भीतर झांकती हूं तो आभास होता है कि उदासी के सागर में डूब गई हूं।

मुझे पता नहीं चलता कि कब नींद मुझे घेर लेती है, लेकिन जब मेरी आंख खुलती है और मैं अपनी घड़ी की ओर देखती हूं तो हैरान रह जाती हूं कि मैं दो घंटे सो ली हूं, और नींद में मेरे साथ कुछ बहुत ही चमत्कारपूर्ण घट गया है। मैं स्वयं को फिर से बहुत ताजी ऊर्जा से भरी हुई महसूस कर रही हूं। सारी उदासी गायब हो गई है। उसकी जगह मैं बहुत शांत और आनंदित महसूस कर रही हूं। एक स्पष्टता-सी आ गई है। मुझे बोध होता है कि मैं एक स्वतंत्र व्यक्ति हूं और इस विराट नाटक में मुझे अपनी समझ से ही अपनी भूमिका निभानी है। अब समय है कि जो कुछ मैंने ओशो से सीखा है वह अब मैं मित्रों में बांटूं। उन्होंने मुझे इतना दिया है, जिसे मुझे पचाना है। मुझे ओशो के वचन याद आते हैं, 'छोटा पौधा किसी बड़े वृक्ष की छाया में नहीं बढ़ सकता।'

मैं अनुग्रहीत अनुभव करती हूं और ओशो को मुझे उनसे दूर भेजने के लिए धन्यवाद देती हूं।

85

मैं पांच वर्ष तक बंबई में अपने घर अपने पिता तथा बूढ़ी दादी के साथ रहती हूं। अपना काम मैं जारी रखती हूं और लगभग हर सप्ताह पूना आती रहती हूं। जब भी कभी संभव होता है, मैं एकाध महीने की लंबी छुट्टियां लेकर पूना में समय बिताती हूं। मैं लोगों को विश्व के कोने-कोने से पूना आकर संन्यास में दीक्षित होते देख हैरान हूं। भविष्य के बारे में ओशो का कथन साकार हो रहा है। बंबई में उन्होंने कहा था, 'हजारों लोग मेरी ओर चल पड़े हैं।'

ओशो हर रोज सुबह एक महीना हिंदी में और एक महीना इंग्लिश में बोल रहे हैं। हर शाम वे लोगों को व्यक्तिगत रूप से उनके निजी प्रश्नों के जवाब देने के लिए मिलते हैं और उसी समय वे नए मित्रों को संन्यास भी देते हैं। संन्यासियों द्वारा बहुत से नए-नए ध्यान केन्द्र पूरे विश्व में खोले जा रहे हैं।

उनका संदेश बंबई में भी बहुत तेजी से फैल रहा है और नए मित्रों का ओशे से परिचित कराना ही मेरा एकमात्र आनंद है। जब मैं नए लोगों से ओशो के बारे में बात करती हूं, तो मुझे लगता है कि कोई अनजान ऊर्जा मेरा उपयोग एक माध्यम की तरह कर रही है। मैं ऐसी-ऐसी बातें कह जाती हूं, जिनके बारे में मैंने कभी सोचा भी नहीं, और जिन्हें मैं भी पहली बार ही सुन रही हूं।

ओशो के प्रवचनों की ऑडियो टेप्स हर रोज बंबई पहुंच जाती है और मित्र इकट्ठे होकर अलग-अलग जगहों पर उन्हें सुनते हैं। मैं यह देखकर खुश हूं कि अब मैं शारीरिक रूप से ओशो के साथ नहीं जुड़ी हूं। ओशो के साथ मेरा सम्बंध अब गहरा चला गया है। ध्यान करते समय मैं खुद को उनकी मौजूदगी से घिरी हुई महसूस करती हूं। जब भी मैं पूना आती हूं तो लगभग हमेशा ही सांध्य-दर्शन के समय उनसे मिलने का अवसर मिलता है। एक दर्शन मीटिंग में वे मुझे कहते हैं कि मुझे एक साल और बंबई में रहना होगा।

मैं अपनी दादी की देखभाल कर रही हूं जो बिस्तर से लगी है। ओशो के संदेश को सुनकर मुझे पता चल जाता है कि शायद मेरी दादी एक वर्ष और जीएंगी और अपने संचित कर्म उनके साथ पूरे करने के लिए मुझे एक वर्ष और उनके साथ रहना होगा। जब मैं छः साल की थी तभी मेरी मां की मृत्यु हो गई थी और तब मेरी दादी ने ही बड़े प्रेम से मेरी परवरिश की थी। उन्होंने कभी अपने ख्यालात मुझ पर नहीं लादे। प्रेम के नाम पर उन्होंने मुझे मेरी तरह से जीने की पूरी स्वतंत्रता दी और मेरे मन को किन्हीं भी धारणाओं से संस्कारित नहीं किया।

मैं कह सकती हूं कि मेरी परवरिश एक स्वतंत्र बच्चे की तरह हुई और मैं जो चाहती थी, कर सकती थी। मेरा हृदय मेरी दादी के प्रति प्रेम व अहोभाव से भरा है। इस हालत में में उनको किसी भी कीमत पर नहीं छोड़ सकती, वरना मैं पूरे जीवन भर अपराधी महसूस करती रहूंगी। पांच साल पहले जब ओशो ने मुझे घर पर ही रहने को कहा था तो यह बात मुझे साफ नहीं थी, लेकिन ओशो हमारे आर-पार वह सब देख लेते हैं जिन चीजों का हमें भी बोध नहीं होता।

मेरी दादी का ठीक ग्यारह महीने बाद देहांत हो जाता है। उनकी मृत्यु के बाद मैं एक महीना और घर पर ही रहती हूं और फिर पूना ओशो के संबोधि दिवस उत्सव के लिए आती हूं। मैं लक्ष्मी को अपनी दादी की मृत्यु के बारे में बताती हूं और अगले ही दिन मुझो ओशो का संदेश मिलता है कि अब मुझे बंबई नहीं जाना है। मेरा हृदय आनंद से नाचने लगता है। ऐसा लगता है जैसे किसी ने पिंजरे के द्वार खोल दिए हों और मैं फिर से खुले आकाश में उड़ने के लिए आजाद हूं। अंततः मेरा समय भी आ गया और अब मैं फिर से अपने सद्‌गुरु के नजदीक रहूंगी।

86

मैं पूना में रहने लगती हूं, और हर सुबह प्रवचन के समय ओशो की उपस्थिति में बैठकर स्वयं को धन्यभागी अनुभव करती हूं। ओशो के इर्द-गिर्द कम्यून इतना विस्तार ले रहा है जो कि मेरी कल्पना से भी परे है। यह अपने आप में ही एक छोटा-सा संसार बन गया है। पूरे विश्व के कोने-कोने से लोग यहां चले आ रहे हैं। यह देखकर विश्वास नहीं होता कि कैसे सैकड़ों लोग इतनी लयबद्धता में साथ-साथ जी रहे हैं और काम कर रहे हैं। किसी को किसी के धर्म या राष्ट्रीयता से कुछ लेना-देना नहीं है। ओशो के प्रति प्रेम की किसी अदृश्य डोर ने ही उनके इर्द-गिर्द फूलों की यह माला गूंथ दी है।

कुछ दिनों बाद मैं सांध्य-दर्शन के समय ओशो से मिलती हूं और वे चांदी का एक सुंदर-सा पारकर पैन मुझे उपहार स्वरूप देते हैं और कहते हैं कि मैं एकाउंट डिपार्टमेंट में मदद करना शुरू कर दूं।

बाहर के जगत में पहले ही मैंने बीस साल एकाउंट का काम किया है और अब मैं उससे थक चुकी हूं। मैं एकाउंट के प्रति थोड़ी झिझक दिखाती हूं तो वे हंसकर कहते हैं, 'यहां इस काम का स्वाद अलग होगा। अंकों से खेलते-खेलते तू शून्य अनुभव से गुजर सकती है। बस इसे गंभीरता से मत लेना। वे विस्तार से तीन 'एम' की चर्चा करते हैं, मैथेमेटिक्स, म्यूजिक

और मेडिटेशन। मैं विस्मित आंखों से उन्हें निहारती हुई उन्हें सुन रही हूं। यह तो मैंने कभी सोचा भी नहीं था कि म्यूजिक और मेडिटेशन का मैथेमेटिक्स से, गणित से कोई संबंध भी हो सकता है। मैं उन्हें कहते हुए सुनती हूं, 'मैथेमेटिक्स मस्तिष्क है, म्यूजिक हृदय है और ध्यान है आत्मा। जब तीनों लयबद्ध होकर काम करते हैं तो सब कुछ एक खेल बन जाता है।'

जब मैं उनके चरण छूने के लिए झुकती हूं तो वे अपना हाथ मेरे सिर पर रखते हुए कहते हैं, 'वैरी गुड, ज्योति।' मैं उठकर अपनी जगह वापस आ जाती हूं, पूरी तरह निर्भार और एकाउंट डिपार्टमेंट में अंकों से खेलने को तैयार।

87

मुझे अपने काम में बहुत मजा आ रहा है। कम्यून में काम करना बाह्य जगत में काम करने से बहुत अलग है। यहां पदों की कोई सीढियां नहीं है। सभी संन्यासी अपने सहकर्मियों का ख्याल रखते हुए बड़े प्रेम से अपनी-अपनी भूमिकाएं निभाते हैं। सुबह के प्रवचन मुझे पूरे दिन उत्साहित बनाए रखने में संजीवनी का काम करते हैं। इन दिनों मैं मुश्किल से ही कोई प्रश्न पूछती हूं। वास्तव में मेरे प्रश्न पूछने से पहले ही उसका जवाब मिल जाता है। मुझे लगता है कि ओशो की आंखें एक्स-रे की तरह हमारे मन में प्रवेश करके झांक लेती हैं, खासकर दर्शन के समय। उनसे कुछ भी छिपाना बहुत मुश्किल है। हर शाम लगभग पचास से साठ संन्यासी उनसे मिलते हैं। छः बजे से संन्यासी लाओत्सू गेट पर पंक्तिबद्ध खड़े होने लगते हैं। 'लाओत्स' ओशो ने 33 नंबर के बंगले को नाम दिया है, जहां वे रह रहे हैं।

सबको भीतर जाते समय दो संन्यासिनियों के बीच से होकर गुजरना पड़ता है, जो कि किसी भी प्रकार की गंध को सूंघ लेने के प्रति बहुत संवेदनशील हैं। यदि किसी भी प्रकार की गंध के कारण किसी को भीतर जाने से मना किया जाता है तो वह बुरा नहीं मानता क्योंकि सबको पता है कि ओशो को गंध के प्रति एलर्जी है। उसके लिए बड़ा ख्याल रखा जाता है। बिल्कुल गंधरहित पाए जाने पर व्यक्ति भीतर जाकर किसी भी बैंच पर बैठ सकता है। 6:45 तक जब सब भीतर आ चुकते हैं तो सभी आहिस्ता-आहिस्ता उस पगडंडी पर चल पड़ते हैं जो च्वांग्त्सू सभागार की ओर जाती है। इस सभागार का फर्श संगमरमर का है और छत बहुत ऊंची है, और कमाल की बात है कि छत को किनारे-किनारे कुछ ही स्तंभों का सहारा है। इस सभागार की कोई दीवारें नहीं हैं, सब ओर से बड़े-बड़े पेड़ों से घिरा है और ऐसा लगता है जैसे बगीचे का ही हिस्सा हो।

7:00 बजे तक सभी लोग सभागार में बैठ जाते हैं और तब ओशो एक द्वार से बाहर निकलकर आते हैं और सबको नमस्कार कर अपनी कुर्सी पर बैठ जाते हैं। पेड़ों की ओट में बोल रहे झींगुरों की आवाज के अतिरिक्त और कुछ सुनाई नहीं देता। पूरी तरह मौन छा जाता है। बुद्धा हॉल से आता हुआ संगीत मौन को और भी समृद्ध कर जाता है। पूरा वातावरण ऐसा जादुई हो उठता है कि मुझे लगता है यदि कहीं स्वर्ग है तो वह यहीं है। फिर एक-एक करके हर व्यक्ति को ओशो के पास आने के लिए नाम से पुकारा जाता है। ऐसे ही एक दर्शन में, ओशो मुझसे पूछते हैं कि, 'क्या मुझे बंबई की याद आती है?' मैं उनसे कहती हूं, 'ओशो, बस मुझे यहां समुंदर की कमी महसूस होती है।' वे कहते हैं, 'मेरी आंखों में देख तुझे महासागर नजर आएगा।' मैं उनकी आंखों में झांकती हूं जो कुछ पल बिना झपके खुली रहती है। मैं उनकी आंखों में महासागर की गहराई ही नहीं, और भी बहुत कुछ देख पाती हूं। उनकी आंखें तरल और प्रकाश से भरी हुई हैं और उनके प्रेम और करुणा को बरसा रही हैं।

इस दर्शन के बाद मैं ओशो का खुली आंखों वाला एक चित्र खरीदती हूं और हर सुबह समुंदर की अपनी प्यास को बुझाने के लिए इस चित्र को निहारती हूं।

88

पंद्रह दिन के बाद मुझे डेंटिस्ट के पास अपनी अक्कल दाढ़ निकलवाने के लिए जाना है, जो मेरे गाल में बहुत चुभने लगी है। इस बीच मैं ओशो के पास ऊर्जा दर्शन के लिए जाती हूं। ओशो कम्यून में काम कर रहे संन्यासियों को ऊर्जा दर्शन देने लगे हैं। यह एक विधि है जिसमें गुरु अपने शिष्य के आज्ञाचक्र को छूकर उसमें अपनी ऊर्जा प्रवाहित करता है। ऊर्जा दर्शन के लिए मुझे आगे बुलाया जाता है। ओशो मुझे देखकर मुस्कुराते हैं। मैं उनके सामने झुकती हूं और फिर आंखें बंद करके बैठ जाती हूं। वे अपने बाएं हाथ से मेरी ठुड्डी को पकड़कर अपने अंगूठे का दबाव ठीक उसी जगह पर डालते हैं जहां मेरी अक्कल दाढ़ तकलीफ दे रही है। अपने दाएं हाथ के अंगूठे से वे मेरे आज्ञाचक्र पर दबाव डालते हैं। मेरा मुंह पूरी तरह खुल जाता है और विचार बिल्कुल रुक जाते हैं। मैं उनकी ऊर्जा को अपने आज्ञाचक्र में प्रवेश करता हुआ महसूस कर रही हूं। जब वे अपना हाथ हटाते हैं तो मैं किसी पियक्कड़ की तरह झूमती हुई वापस अपनी जगह पर आकर बैठ जाती हूं।

जब दर्शन पूरा हो जाता है और मैं लाओत्सू से बाहर आ जाती हूं तब मुझे महसूस होता है कि जैसे मेरे मुंह में कुछ है। जब मैं वह चीज अपने मुंह से निकालती हूं तो अपने आंखों

पर विश्वास नहीं कर पाती कि यह मेरी अक्कल दाढ़ है। न तो कोई दर्द हुआ, और न ही खून आने का कोई नामो-निशान है। कैसा चमत्कार है।

अगले दिन मैं अपने डेंटिस्ट को फोन करके उन से लिया गया समय कैंसल करवाती हूं और उन्हें बताती हूं कि क्या घटना घटी। वह डॉक्टर भी ओशो के प्रेमी हैं और मजाक में मुझे ओशो से यह कहने के लिए कहते हैं कि वे उनके धंधे में हस्तक्षेप न करें नहीं तो वह उन के खिलाफ मुकदमा कर देगा।

89

ओशो के साथ समय बहुत कीमती लगता है। मैं एक दिन के लिए भी कहीं जाना नहीं चाहती। रोज सुबह प्रवचन में उनके साथ बैठना मेरे लिए एक आशीष है। हर रोज वे मुझे मौन में और गहरे ले जा रहे हैं। उनकी वाणी मेरे लिए चमत्कार जैसा काम करती है। जब वे बोलना शुरू करते हैं तो मैं अपनी आंखें बंद कर लेती हूं और उछलकूद करता मेरा मन एकदम शांत हो जाता है और उनकी आवाज मेरे भीतर ऐसे गूंजने लगती है जैसे मेरे नाभि से उठ रही है। यह घटना 1979 की है। मैं चार दिन ऑफिस से छुट्टी लेकर बंबई से पूणे 21 मार्च के उत्सव के लिए आई हूं और छह महीने बीत चुके हैं फिर भी वापस जाने का मन नहीं हो रहा है। हर माह ऑफिस में मेडिकल सर्टिफिकेट भेज देती हूं कि मैं बीमार हूं। ओशो के सान्निध्य में जो घट रहा है उसके मुकाबले बाकी सब अर्थहीन लग रहा है।

एक प्रवचन में ओशो को कहते सुनती हूं, 'सब उसकी मर्जी पर छोड़ दो।' मेरे मन में एक प्रश्न उठता है और मैं ओशो को लिखकर भेजती हूं।

मेरा प्रश्न है, 'प्यारे ओशो, जीवन में कई बार ऐसी परिस्थितियां आ जाती हैं कि व्यक्ति को स्वयं निर्णय लेना होता है कि क्या करे? उस समय कैसे समझें कि उसकी मर्जी क्या है? यह प्रश्न मेरी निजी उलझन से उठा है। मैं तय नहीं कर पा रही हूं कि क्या करूं? वापस मुंबई जाकर ऑफिस जाना शुरू कर दूं या कि इस्तीफा भेजकर पुणे में ही रुक जाऊं।' ओशो ने दो दिन तक मेरे प्रश्न का उत्तर नहीं दिया है। मेरा मन ओशो का उत्तर पाने के लिए छटपटा रहा है। तीसरे दिन प्रवचन के बाद मैं 'टेप डिपार्टमेंट' में जाती हूं वहां मैं कुछ दिनों से काम में मदद कर रही हूं। 'टेप लाइब्रेरी' के लौटाए हुए टेप्स चेक करती हू। आज 'एक ओंकार सतनाम' का बॉक्स चेक कर रही हूं। टेप की शुरुआत चेक की जाती है, फिर फास्ट फारवर्ड कर बीच से टेप को चलाकर देखा जाता है। 'एक ओंकार सतनाम' प्रवचनमाला का 13वां प्रवचन चेक

कर रही हूं। जैसे ही मैंने फास्ट फारवर्ड कर रिकार्डर का प्ले बटन दबाया, मुझे अपने कानों पर भरोसा ही न आया। बीच टेप से ओशो को कहते हुए सुनती हूं, 'कैसे पक्का करोगे कि क्या है उसकी मर्जी? बड़े-बड़े चिंतक यहां जाकर अटक गए हैं, क्योंकि यह तो ठीक है, मान लिया, उसकी आज्ञा में रहना...। क्या है उसकी आज्ञा? उसकी आवाज उसकी ही है, तुम्हारी नहीं, किसी और की नहीं कैसे पहचानोगे? इन हजारों आवाजों के मेले में तुम कैसे पकड़ पाओगे? रास्ता है। रास्ता विचार से नहीं खुलता। विचार से तुम कभी तय न कर पाओगे कि उसकी आज्ञा क्या है? रास्ता खुलता है जैसे-जैसे तुम लीन होते हो ध्यान में, समाधि में तत्क्षम उसकी आवाज सुनाई पड़ने लगती है। तुम्हारा अहंकार भीतर शोरगुल मचा रहा है, इसलिए तुम उसकी आंवाज नहीं सुन पा रहे हो। तुम्हारा अहंकार शांत हो जाए, विचारों का उपद्रव भीतर न रहे, तत्क्षण उसकी आवाज सुनाई पड़ेगी।

यह उत्तर सुनकर मेरा हृदय खुशी से झूम उठता है जैसे किसी अमूल्य खजाने की कुंजी हाथ लग गई है। ओशो का कोई मुकाबला नहीं, कैसे-कैसे अनजाने रास्तों से आकर सहायता करते हैं, कहना मुश्किल है। मैं दूसरे दिन सुबह चार बजे उठकर ध्यान में बैठ जाती हूं। ओशो का स्मरण कर उनसे प्रार्थना करती हूं कि आज मुझे गहरे ध्यान में ले जाएं, मुझे उसकी आवाज सुननी है। बस, बैठते ही एक झटका लगा जैसे किसी ने चलती कार में गियर बदला हो। मेरी चेतना का गियर बदल गया। मैं गहरे विश्राम में चली गई। जब ध्यान से बाहर आती हूं तो घड़ी देखकर आश्चर्य होता है, 6:15 बजे हैं। सवा दो घंटे जैसे मैं किसी और ही लोक में थी और पहली बार उन मौन क्षणों में उसकी आवाज सुनाई पड़ी है। अब आगे सोच-विचार करने का कोई प्रश्न ही नहीं है, मैं कागज और पेन उठाकर ऑफिस के लिए इस्तीफा लिख देती हूं। हृदय से एक भारी बोझ उतर जाता है। एकदम हलका अनुभव कर रही हूं। ओशो के प्रति अनुग्रह के आंसू थमाए नहीं थमते। मेरा आखिरी सेतु टूट गया और मैं बिना पंख जैसे मुक्त आकाश में उड़ने का आनंद ले रही हूं। मैं अपने से बहुत खुश हूं और ओशो को देखकर लगता है कि वे भी मेरे से खुश हैं। बाद में पता चलता है कि अगर मेरे इस्तीफे का पत्र ऑफिस में एक दिन भी देरी से पहुंचता, तो मुझे काफी आर्थिक नुकसान होता क्योंकि ऑफिस में मेरी नौकरी टर्मिनेट करने का तय हो चुका था। बोध हुआ कि ओशो अपने भक्तों के योग-क्षेम की भी फिकर करते हैं।

इन्हीं दिनों प्रवचन के दौरान मेरे साथ कुछ अनूठा घट रहा है। वह क्या कह रहे हैं और मैं क्या सुन रही हूं, कुछ समझ में ही नहीं आता है, फिर भी कुछ घट रहा है जो मेरी बुद्धि की पकड़ के बाहर है। मैं उन्हें लिखकर भेजती हूं, 'ओशो जाने क्या तूने कही, जाने क्या मैंने सुनी, पर बात कुछ बन ही गई।'

दो दिन बाद 'साहब मिल साहब भये' के पांचवे प्रवचन में ओशो को मेरी ये दो पंक्तियां पढ़ते सुनती हूं। एक क्षण में मेरे शरीर में एक कंपन की लहर उठ जाती है। एक तरह की घबड़ाहट पकड़ लेती है कि पता नहीं अब कैसी पिटाई होगी। आगे ओशो को कहते हुए सुनती हूं, 'धर्म ज्योति, बात जब बनती है तो ऐसे ही बनती है। न तो कुछ कहने से बनती है, न कुछ सुनने से बनती है। शिष्य और गुरु के बीच कहना और सुनना तो गौण है, असली बात तो न कही जाती और न सुनी जाती। जैसे एक दीए से ज्योति दूसरे दीए में सरक जाती है, और जिस दीए से ज्योति सरकती है, उसका कुछ खोता नहीं और जिस दीए को मिल जाती है, उसे सब कुछ मिल जाता है। गुरु का कुछ खोता नहीं, शिष्य को सब मिल जाता है। तू ठीक कहती है धर्म ज्योति, 'जाने क्या तूने कही, जाने क्या मैंने सुनी, पर बात कुछ बन ही गई।' मैं भी देख रहा हूं कि बात बन रही है। तुझे देखता हूं तो प्रसन्न होता हूं, आनंदित होता हूं। यह बड़े सौभाग्य से बनती है, बड़ी मुश्किल से बनती है। बनाए-बनाए नहीं बनती। लोग लाख उपाय करते हैं तो नहीं बनती, लेकिन अगर कोई समर्पण कर दे, अपना सब छोड़ दे, तो बन जाती है। बन रही है तेरी बात और बनेगी, और और बनेगी। इस यात्रा का प्रारंभ तो है, अंत नहीं है। यह कली खुलती तो है, लेकिन खुलती ही चली जाती है। यह फूल फिर खुलता ही चला जाता है। फिर यह विस्तार इतना लेता है जितना आकाश का है। यह फिर परमात्मा जैसा ही विराट हो जाता है। इसमें से ही उद्घोषणा उठती है, अहं ब्रह्मास्मि की, अनलहक की। उठेगी वह गंध भी, उठेगा वह गीत भी, जगेगी वह ऋचा भी।

'तू चल पड़ी ठीक दिशा में, अब पीछे मुड़कर मत देखना।'

मेरे भीतर के शून्य में उनके आखिरी शब्द सदा के लिए अंकित हो जाते हैं, 'अब पीछे मुड़कर मत देखना।'

ओशो! किस जबान से और किन शब्दों से आपको धन्यवाद दूं। संत कबीर ने शायद ऐसे ही किसी क्षण में कहा है- **'गुरु गोविंद दोउ खड़े, काके लागूं पांय,**
बलिहारी गुरु आपनी, जिन गोविंद दिया बताय।'

90

ओशो संन्यासियों से भरे बुद्धा हॉल में हिंदी में प्रवचन कर रहे हैं। बुद्धा हॉल में पीछे की ओर कुछ बाहर से आए लोगों को भी बैठने दिया जाता है। हमेशा की तरह मैं आंखें बंद करके उन्हें सुन रही हूं। अचानक पोडियम के पास फर्श पर धातु की कोई चीज गिरने की

आवाज आती है। ओशो बोलना बंद कर देते हैं। मैं आंखें खोलकर चारों ओर देखती हूं। कुछ देर को तो मैं समझ ही नहीं पाती कि क्या हो रहा है? कुछ संन्यासियों ने एक व्यक्ति को पकड़ रखा है, जो पोडियम की ओर आने की कोशिश कर रहा है और ओशो को चिल्ला-चिल्लाकर कुछ कह रहा है। ओशो शांत स्वर में संन्यासियों से कहते हैं, 'कुछ न करें, बैठ जाएं..., अपनी जगह बैठ जाएं...। फिक्र न करें। कोई चिंता न लें।' कुछ मिनट के लिए सन्नाटा छा जाता है। उस व्यक्ति को बाहर ले जाया जाता है और ओशो अपना प्रवचन ऐसे जारी रखते हैं जैसे कुछ भी न हुआ हो। बाद में मुझे पता चला कि उस व्यक्ति ने छुरा फेंककर ओशो की हत्या करने की कोशिश की थी, जो कि किसी को न लगकर फर्श पर ही गिर गया। कुछ दिन बाद हमें पता चला कि यह पंडित-पुरोहित और राजनेताओं का षड्यंत्र था ओशो की हत्या के लिए। जिस व्यक्ति ने ओशो की हत्या का प्रयास किया उसे कोर्ट से बिना किसी सजा के रिहा करके मामले को खत्म कर दिया।

ओशो हमेशा की तरह रोज अपने प्रवचन जारी रखते हैं। मैंने उन से ज्यादा साहसी और निर्भीक व्यक्ति नहीं देखा। निश्चित ही उन्होंने तो अपने शाश्वत जीवन के स्त्रोत का अनुभव कर लिया है, लेकिन हम लोग, जो उनके प्रेम में हैं, उनके शरीर का ख्याल रखना चाहते हैं, क्योंकि उनका शरीर हमारे लिए बहुत कीमती है। जल्दी ही बुद्धा हॉल के प्रवेशद्वार पर मेटल डिटेक्टर लगा दिए जाते हैं। बुद्धा हॉल में प्रवेश करने वाले हर व्यक्ति को उससे गुजरना होता है।

पूना में संन्यासियों की मौजूदगी के कारण आस-पास के लोगों में काफी आक्रोश है और वे कई- कई ढंगों से हमें परेशान करने की कोशिश करते हैं। कुछ तथाकथित सज्जन जो लूटपाट और बलात्कार के इरादों से सड़कों पर घूमते हैं, उनके द्वारा कई संन्यासिनियों के साथ बलात्कार हो चुका है।

दूसरी ओर हर रोज हमारे कारवां में और अनेक लोग जुड़ते जा रहे हैं। हमारे पास जगह कम पड़ने लगती है। ओशो सुझाव देते हैं कि कम्यून के लिए और ज्यादा बड़ी जगह ढूंढी जाए जो कि एकांत में हो और जहां हम शहर के लोगों को नाराज किए बिना शांति से रह सकें। सभी राजनेता और सत्ताधारी ओशो के विरोध में लगते हैं क्योंकि वे उनके नकली मुखौटे उतारकर उनके पीछे छिपे असली कुरूप चेहरे दिखा रहे हैं। इन सब लोगों द्वारा पैदा की जा रही बाधाओं के बावजूद मां लक्ष्मी नए कम्यून के लिए जगह खोज रही है।

91

ओशो 24 मार्च 1981 को अपना अंतिम प्रवचन देते हैं और 25 मार्च से बाहर आना बंद कर देते हैं। उनकी पीठ के निचले हिस्से में दर्द रहने लगा है और रीढ़ की हड्डी में भी कोई तकलीफ है। कोई इलाज कारगर नजर नहीं आता। उन्हें पूरी तरह से आराम की जरूरत है।

संन्यासी पोडियम की ओर जाने वाले रास्ते को फिर से ठीक कर रहे हैं। रास्तो को पोडियम की ऊंचाई तक उठाना है ताकि ओशो आराम से चलकर पोडियम पर आ सकें और उन्हें सीढ़ियां न चढ़नी पड़ें।

1 मई 1981 को ओशो बुद्धा हॉल में आकर हमारे साथ मौन में बैठने लगते हैं। भारतीय परंपरा में इसे सत्संग कहा जाता है, जिसका अर्थ होता है- सद्‌गुरु की उपस्थिति में मौन बैठना। मेरे लिए यह बहुत ही अनूठा अनुभव है। बीच-बीच में संन्यासी संगीत बजाते हैं जो कि मौन को और भी गहरा कर जाता है।

सत्संग एक महीने तक चलता है। कम्यून का बाकी सब काम जैसा का तैसा चल रहा है। फिर 31 मई 1981 को दोपहर 12.30 बजे मैं भोजन के लिए अपने ऑफिस से बाहर आती हूं और देखती हूं कि बहुत से संन्यासी आपस में गले मिल रहे हैं, कुछ रो रहे हैं, कुछ हंस रहे हैं और कुछ अपनी आंखें बंद किए चुपचाप खड़े हैं। मैं पूछकर पता लगाती हूं कि ओशो अभी-अभी बंबई चले गए हैं, जहां से वे अपने इलाज के लिए अमेरिका चले जाएंगे। उनके प्रस्थान को उनकी सुरक्षा की दृष्टि से गोपनीय रखा गया था।

मैं एक कोने में जाकर अकेली बैठ जाती हूं और अपने आंसुओं को नहीं रोक पाती। मैं चुपचाप जी-भरकर रोती हूं। मैं यह सोचकर खुद को सांत्वना देती हूं कि वे जल्दी ही वापस आ जाएंगे।

कुछ दिन बाद संन्यासी कम्यून छोड़-छोड़कर जाने लगते हैं। मैं अपने पिता से मिलने बंबई में अपने घर चली जाती हूं। वे मुझसे पूछते हैं कि अपनी नौकरी छोड़कर चले जाने का क्या अब मुझे पछतावा हो रहा है। मैं उनसे कहती हूं, 'यदि मैं वह नौकरी करती रहती और पूना न जाती तो मुझे पछतावा होता।' पूना में बिताया हुआ यह एक साल मेरे जीवन का सबसे कीमती समय है। इस एक वर्ष में ओशो ने मुझे इतना दिया है कि मैं पूरी तरह तृप्त हो गई हूं और सही समय पर मुझे बुला लेने के लिए मैं उनकी अनुग्रहीत हूं।

92

डेढ़ साल बाद मैं ओशो से मिलने रजनीशपुरम (अमरीका) जा पाती हूं, जहां नया कम्यून निर्मित हो रहा है। ओशो मौन हैं और दोपहर को केवल ड्राइव के लिए बाहर आते हैं। मैं बाकी संन्यासियों के साथ सड़क के किनारे लाइन में खड़ी होकर ड्राइव बाई के समय उन्हें देखती हूं। उनकी एक झलक ही मेरे लिए पर्याप्त आनंद है। वे मुझे अपनी एक टोपी उपहारस्वरूप भिजवाते हैं, लेकिन शारीरिक रूप से हम कभी नहीं मिल पाते।

ओशो से अगली बार मैं दिसंबर 1985 में मनाली में मिलती हूं, जब वे अमेरिका से वापस आते हैं। वे बर्फीले पहाड़ों से घिरे एक सुंदर से होटल में रह रहे हैं, जिसके पीछे कल-कल करती एक नदी अपनी पूरी शान से बह रही है। मनाली को देवताओं की घाटी की तरह जाना जाता है। पूरा वातावरण ही बड़ा परिपोषक है। ओशो बहुत स्वस्थ और प्रसन्न लगते हैं। सुबह 10:30 बजे जब मैं कुछ और मित्रों के साथ उनके कमरे में प्रवेश करती हूं तो वे एक सोफे पर बैठे हुए हैं और हम सब उनके पास ही फर्श पर बिछे कालीन पर बैठ जाते हैं। शारीरिक रूप से उनसे दूर बिताए हुए ये सारे वर्ष एक ही क्षण में मिट जाते हैं। वे हमें अमेरिकन जेल में बिताए अपने समय का विवरण सुना रहे हैं, जो कि मेरी नाभि केंद्र पर चोट कर रहा है। वे जिस पीड़ा से गुजरे हैं, वह मैं महसूस कर रही हूं और चुपचाप मेरी आंखों से आंसू झरने लगते हैं।

ओशो के भविष्य का कार्यक्रम अभी स्पष्ट नहीं है। थोड़े संन्यासी जो उनकी देखभाल कर रहे हैं, बस वे ही उनके साथ हैं बाकि को आने तो दिया जा रहा है लेकिन उन्हें वापस जाना होता है। ओशो हमें पूना कम्यून में जाकर वहां मदद करने को कहते हैं। फिर उठकर वे बाथरूम में चले जाते हैं। हम भारी हृदय लिए उनके कमरे से बाहर आ जाते हैं और तीन दिन बाद आगे अपनी-अपनी यात्रा के लिए मनाली से रवाना हो जाते हैं।

93

मैं दिसंबर 1985 के अंत में पूना पहुंचती हूं और फिर से एकाउंट डिपार्टमेंट में मदद करने लगती हूं। कम्यून में सिर्फ पचास-साठ संन्यासी हैं और पूरी जगह वीरान-सी लगती है।

कुछ हफ्तों बाद हमें यह खबर सुनने को मिलती है कि ओशो मनाली से नेपाल चले गए हैं। भारत के बहुत से संन्यासी उनसे मिलने नेपाल जा रहे हैं। मुझे ऐसा लगता है कि वे जहां-जहां जाते हैं, वहां-वहां शारीरिक रूप से पहुंच पाना तो असंभव है।

शारीरिक रूप से उनसे दूर बिताए वर्षों में अंततः मैं अपने ध्यान के मौन क्षणों में उनसे जुड़ना सीख गई हूं। अब जुदाई की पीड़ा नहीं होती। हमें खबर मिलती है कि नेपाल में वे किसी होटल में रह रहे हैं और हर रोज सुबह और शाम उस होटल के कांफ्रेंस हॉल में बोल रहे हैं। नेपाल के कुछ सरकारी अधिकारी ओशो में उत्सुक हैं और हो सकता है कि वे वहीं रुक जाएं। फिर करीब डेढ़ महीने बाद, एक दिन हमें यह खबर मिलती है कि ओशो ग्रीस चले गए हैं और वहां से वे अपनी विश्वयात्रा पर निकल पड़ेंगे। यह समाचार मेरे लिए बड़े धक्के जैसा है। मुझे लगता है कि अब इस जन्म में मैं उन्हें कभी दोबारा नहीं देख पाऊंगी। हर रोज उनकी किसी खबर के लिए मैं अखबार टटोलती हूं। कुछ हफ्तों बाद हम अखबार में पढ़ते हैं कि ग्रीस में ओशो को गिरफ्तार करके उन्हें वहां से निष्कासित कर दिया गया है। मैं बहुत उदास हो जाती हूं और रात अपने ध्यान के समय मैं उनके लिए प्रार्थना करती हूं कि वे भारत वापस लौट आएं। पश्चिम इस विद्रोही व्यक्ति को पचाने के लिए तैयार नजर नहीं आता। इसके बाद अखबारों से ऐसी ही खबरें मिलती रहती हैं कि उन्हें किसी भी देश में प्रवेश नहीं मिल रहा है। एक दिन अखबार में जब हम यह पढ़ते हैं कि ओशो को उरुग्वे में प्रवेश मिल गया है तो हमें राहत मिलती है। ओशो वहां कुछ महीने के लिए रहते हैं फिर वहां से भी देश छोड़कर उन्हें आगे यात्रा पर निकल जाना पड़ता है।

एक रात, बिस्तर पर लेटे हुए मैं यह महसूस करती हूं कि मैं पूरी तरह थक चुकी हूं और मुझे लंबी छुट्टी की जरूरत है। मैं पूना कम्यून छोड़कर उत्तर भारत के पर्वतों की ओर निकल पड़ती हूं। ओशो की अपने जेट प्लेन में अनवरत यात्रा की खबर पाने के लिए मैं रोज अखबार देखती हूं। जमाइका छोड़ने के बाद उनकी कोई खबर अखबारों में नहीं है। मैं गंगा के किनारे-किनारे होती हुई गोमुख तक पहुंचने के अपने पर्वतारोहण का आनंद ले रही हूं। बिल्कुल ताजी और ऊर्जा से भरी हुई, मैं जुलाई के मध्य में बंबई वापस पहुंच जाती हूं।

94

31 जुलाई 1986 की सुबह ओशो बंबई लौट आते हैं। जुहू बीच के पास स्वामी सूरज प्रकाश का 'सुमिला' नाम का सुंदर-सा बंगला है। जिसकी पहली मंजिल ओशो के ठहरने के

लिए खाली कर दी जाती है। जब तक उनके लिए किसी दूसरी जगह का इंतजाम नहीं हो जाता तब तक ओशो यहीं अतिथि की तरह रहेंगे। ओशो के आगमन का समाचार उनकी सुरक्षा की दृष्टि से गोपनीय रखा जाता है, और केवल आठ-दस संन्यासियों को ही इस बात की जानकारी है। चार संन्यासी उन्हें लेने एयरपोर्ट पर चले जाते हैं और चार सुमिला में रह जाते हैं।

काफी लंबे इंतजार के बाद, सुबह करीब 10.30 बजे ओशो की कार सुमिला पहुंचती है। वे पीछे की सीट पर मा नीलम के साथ बैठे हुए हैं। उनके लिए कार का दरवाजा खोलकर भारत में उनका स्वागत करते हुए मेरी खुशी का ठिकाना नहीं है। मैं कार का दरवाजा खोलकर हाथ जोड़े हुए एक ओर खड़ी हो जाती हूं। वे आहिस्ता से कार से उतरते हैं और फिर मेरे हाथ को थपथपाकर कहते हैं, 'हैलो ज्योति'। वे बहुत ही नाजुक लग रहे हैं। एक क्षण तो मैं उनको देखती ही रह जाती हूं और कुछ भी नहीं कह पाती। वे मुड़कर घर की ओर चल पड़ते हैं। किसी तरह न्यूज मीडिया को पता चल गया है और उनके कैमरे तस्वीरें उतार रहे हैं। मैं ओशो के पीछे-पीछे चलने लगती हूं तो पाती हूं उनका शरीर बेहद कमजोर हो गया है।

भोजन लेने के बाद उन्हें आराम की जरूरत है और नीलम उनका यह संदेश लाती हैं कि वे दोपहर 3:00 बजे हम सबसे मिलेंगे। किसी तरह उनके आगमन का समाचार फैलना शुरू हो चुका है और 3:00 बजते-बजते सुमिला का लिविंगरूम ओशो के प्रेमियों से पूरी तरह भर चुका है।

ओशो अपने सफेद चोगे में बिना टोपी के ही बाहर आते हैं। वे बड़े ताजे और तेजस्वी लग रहे हैं। सबको नमस्कार कर वे कुर्सी पर बैठ जाते हैं। वातावरण बहुत हल्का-फुल्का है। ऐसे लग रहा है जैसे कुछ अविश्वसनीय घट गया है। सभी हंस रहे हैं। इतने वर्षों बाद ओशो हमारे बीच बैठे हैं। ऐसा लगता है मानों बंबई के पुराने दिन लौट आए हों।

अगले दिन से ओशो सुबह और शाम बोलना शुरू कर देते हैं। सुबह वे प्रेस के लोगों से अपनी विश्वयात्रा, खासकर अमेरिकी सरकार द्वारा उनके साथ किए गए अन्याय के विषय में बात करते हैं।

शाम को दस दिन के लिए वे हमारे प्रश्नों का उत्तर देते हुए हिंदी में बोलते हैं। जल्दी ही विश्व भर के संन्यासी आने लगते हैं। सुमिला में बैठने की जगह सीमित है। एक हॉल में लोगों के वीडियो देखने का प्रबंध किया जाता है।

16 अगस्त को इंग्लिश की नई प्रवचनमाला 'रजनीश उपनिषद' शुरू होती है। ओशो गुरु-शिष्य संबंध पर हमारे प्रश्नों के उत्तर देते हैं। यह प्रवचनमाला मेरे लिए सर्वोत्तम प्रवचनमालाओं में से एक है। वे गुरु-शिष्य संबंध के बहुत से रहस्य पहली बार खोलते हैं।

95

सुमिला के ये दिन मेरे लिए अमूल्य उपहार जैसे हैं। बहुत दिन तक मैं ओशो का कमरा व बाथरूम साफ करती हूं। बाथरूम का स्लाइडिंग दरवाजा है जो कि मैं सफाई के समय बंद कर देती हूं। एक दोपहर दरवाजे की ओर पीठ किए हुए मैं साबुन के पानी से बाथरूम साफ कर रही हूं। मुझे किसी के द्वारा धीमे से दरवाजा ठेलने की आवाज आती है। मैं पीछे मुड़कर देखती हूं और हैरान रह जाती हूं कि ओशो वहां खड़े हुए हैं। वे स्कूल के बच्चे की तरह अपनी उंगली उठाकर कहते हैं, 'ज्योति, एक मिनट।' उन्हें भीतर आकर टॉयलेट का उपयोग करना है। मेरा दिमाग काम करना बंद कर देता है। मैं चारों ओर देखती हूं, पूरा फर्श साबुन के पानी से गीला है और बरबस ही मेरे मुंह से निकल पड़ता है, 'ओशो, क्या आप दो मिनट रुक सकते हैं?' वे मुस्कुराते हैं और अपने हाथ के इशारे से सहमति देते हुए वापस अपने कमरे में चले जाते हैं। मैं जितनी जल्दी फर्श को सुखा सकती हूं सुखाकर फटाफट बाल्टियां और सफाई का सामान एक ओर रख देती हूं। और उनके कमरे में जाती हूं। वे आंखें बंद करके कुर्सी पर बैठे हुए हैं। मुझे उन्हें बुलाने में झिझक होती है, लेकिन मुझे लगता है कि वे मेरे सफाई खत्म करने का इंतजार ही कर रहे होंगे, इसलिए आहिस्ता से मैं उन्हें पुकारती हूं, 'ओशो।' वे अपनी आंखे खोलकर मुस्कुराते हैं और कुर्सी से उठ जाते हैं। मैं दीवार के साथ लगकर खड़ी हो जाती हूं। जब वे ताजी हवा के झोंके की तरह मेरे करीब से गुजरते हैं तो वे कहते हैं, 'ज्योति, मैं एक मिनट में ही वापस आ जाऊंगा।'

मेरा हृदय ऐसे तेज-तेज धड़कने लगता है जैसे कि मैं उनसे ऊर्जा दर्शन ले रही हूं। मैं खड़े रहने में असमर्थ हूं और चलकर बाहर आ जाती हूं ताकि बैठ सकूं। कुछ समय बाद मेरा मन अपने आप पर ही नाराज होने लगता है कि मैंने उन्हें दो मिनट ठहरने को कहा। रात अपने ध्यान के समय मेरा हृदय रो उठता है और अपनी बेहोशी के लिए ओशो से क्षमा मांगने लगते है।

अगली सुबह ओशो मुझे अपना नेपकिन उपहार में भेजते हैं। मैं नेपकिन लेती हूं और उनके असीम बेशर्त प्रेम को अनुभव करती हूं। प्यारे सद्‌गुरु, अपनी इस प्रेमपूर्ण अभिव्यक्ति द्वारा मुझे अपराधभाव से मुक्त करने के लिए धन्यवाद।

96

कुछ दिन बाद मैं बाथरूम से सफाई करने के बाद बाहर निकलती ही हूं कि वहां बड़े जोर का धमाका होता है। मुझे कुछ समझ नहीं आता कि क्या हुआ। मैं ओशो के कमरे में झांकती हूं तो ओशो अपनी कुर्सी पर आंखें बंद करके बैठे हुए हैं, जैसा कुछ भी न हुआ हो। मैं बाथरूम में वापस जाकर देखती हूं। फर्श पर और बाथटब में कांच के टुकड़े फैले देखकर मैं सकते में आ जाती हूं। छत से एक बल्ब गिरकर कांच के शेल्फ से टकरा गया था। ओशो के दोपहर को नहाने का समय होने को है, इसलिए मैं एक मित्र की मदद से जल्दी-जल्दी सारा बाथरूम फिर से साफ करती हूं।

फर्श से कांच के टुकड़े समेटती हुई मैं सोचती हूं कि यह कैसा चमत्कार है? यदि बल्ब दो या तीन सैकंड पहले गिरा होता तो मेरे सिर पर गिरा होता।

97

मेरी वह माला खो गई है जो ओशो ने मुझे दी थी और एक नई माला मैंने बनवाई है। जिस दिन मुझे नई माला मिलती है, इसे पर्स में डालकर मैं सुमिला ले आती हूं। मेरी आकांक्षा है कि यह माला मैं ओशो को दूं और वे इसे मेरे गले में पहना दें। मैं किसी से भी इस विषय में बात नहीं करती, लेकिन किसी तरह मेरे सद्‌गुरु सुन लेते हैं। दोपहर भोजन के बाद नीलम ओशो के कमरे से बाहर आती है और कहती है, 'ओशो पूछ रहे हैं अगर किसी को उनसे मिलना है तो...।' मैं खुशी में उछल पड़ती हूं और अपने दोनों हाथ ऊपर उठा देती हूं। कुछ और मित्र भी हैं जो ओशो से मिलने की इच्छा व्यक्त करते हैं।

3:00 बजे हम सब नीलम के साथ ओशो के कमरे में जाते हैं। वे कुर्सी पर बैठे हुए हैं और हम सबको देखकर मुस्कुराते हैं। हम सब फर्श पर उनके चारों ओर बैठ जाते हैं। वे सबके साथ व्यक्तिगत रूप से बात करते हैं। जब वे सबसे बात कर चुकते हैं तो मैं अपनी नई माला निकालकर उन्हें देती हूं। वे पूछते हैं, 'तेरी पुरानी माला को क्या हुआ?' मैं कहती हूं, 'वह मेरे कमरे से चोरी हो गई थी।' वे कुछ देर सोचते हैं और फिर मुझे करीब आने को कहते हैं। मैं उनकी कुर्सी की ओर खिसककर अपनी आंखें बंद कर लेती हूं। जब वे माला मेरे गले

में डालते हैं तो मेरा सिर झुक जाता है और वे अपना बायां हाथ मेरे सिर पर रख देते हैं। उनके चमत्कारिक स्पर्श से मेरे सभी विचार ठहर जाते हैं और मौन में मैं उनके स्पर्श की ऊष्मा और उनके बरसते हुए आशीष को महसूस करती हूं।

98

ओशो का शरीर स्वस्थ नहीं है और वे कुछ दिन के लिए बोलना बंद कर देते हैं। इस बीच बंबई के कुछ मित्र उनके लिए कोई नई जगह की खोज कर रहे हैं। ओशो की मौजूदगी चुंबकीय मशाल जैसी है। वे जहां भी हों, सत्य के खोजी उनकी ओर खिंचे चले आते हैं। हर रोज पश्चिम से और-और संन्यासी पहुंच रहे हैं। सुमिला में रहते हुए ओशो को लगभग पांच महीने हो चुके हैं। पड़ोसी ओशो की उपस्थिति और आने वालों की बढ़ती भीड़ से परेशान होने लगे हैं।

एक शाम, हमें पता चलता है कि कुछ ही दिनों में ओशो पूना जाने वाले हैं। तो हम अपनी तैयारी करने लगते हैं और आनंदित होते हैं कि उनके साथ पूना चले जाएंगे।

3 जनवरी 1987 को सुबह सवेरे ओशो पूना पहुंच जाते हैं। कुछ दिन आराम करने के बाद वे रोज सुबह-शाम च्वांग्त्सू सभागार में प्रवचन देने लगते हैं। उनका शरीर अब काफी तन्दरुस्त नजर आता है और आवाज भी शुरू के दिनों की तरह आग्नेय हो गई है।

जरथुस्त्र पर प्रवचनमाला के दौरान ओशो आते-जाते समय हमारे साथ नाचने लगते हैं। ऐसा लगता है जैसे गुरु और शिष्य के बीच ऊर्जा का खेल चल रहा है। पूरा वातावरण पुनः उनकी ऊर्जा से आपूरित हो उठा है, लेकिन यह ज्यादा दिन नहीं चलता। ओशो के कंधों में दर्द होने लगता है व उनके कान में कोई इन्फेक्शन हो जाता है और वे बाहर आना बंद कर देते हैं। जो कान विशेषज्ञ ओशो का इलाज कर रहा है वह जब यह पाता है कि कोई भी इलाज जरा भी विधायक परिणाम नहीं ला पा रहा है तो वह दुविधा में पड़ जाता है। ओशो का खून जांच के लिए पश्चिम ले जाया जाता है जिससे यह पता चलता है कि अमेरिकी जेलों में उन्हें जहर दिया गया है।

उनकी आंखें दिन प्रतिदिन कमजोर होती जा रही है और किसी तरह की रोशनी सहन नहीं कर पाती। कई दिनों के बाद वे बुद्धा हॉल में वापस आते हैं लेकिन चश्मा पहनकर। चश्मे में वे मुझे और भी सुंदर लगते हैं, लेकिन मैं उनकी सागर जैसी सुंदर आंखों में नहीं झांक पाती।

मैं देखती हूं कि ओशो का शरीर रोज क्षीण होता जा रहा है। उनका वजन कम हो

रहा है और वे अधिकाधिक कमजोर महसूस कर रहे हैं। अपनी अस्वस्थता के कारण उन्हें बार-बार बोलना बंद करना पड़ता है। पिछले कुछ समय से ओशो अपनी परिचारिका व अपने डॉक्टर के अतिरिक्त और किसी से नहीं मिल रहे हैं। इन दिनों मैं शारीरिक रूप से ओशो से कभी नहीं मिली। अब ओशो के साथ मेरा सम्बंध किसी गहरे तल पर है। मुझे ऐसा धुंधला-सा अहसास है कि ओशो ज्यादा दिन अब हमारे बीच नहीं रहेंगे। मैं स्तब्ध रह जाती हूं जब ओशो हमें यह संदेश भेजते हैं कि बुद्धा हॉल में हम सफेद चोगे पहनने शुरू कर दें। भारतीय परंपरा में लोग सफेद कपड़े पहनकर तभी एकत्रित होते हैं, जब कोई मर जाता है। मैं एक बार फिर से चौंक जाती हूं जब यह देखती हूं कि कम्यून की सभी दीवारें काले रंग से रंगी जा रही है।

झेन पर अपनी अंतिम प्रवचनमाला में ओशो का आग्रह ध्यान पर ही है। हर प्रवचन के बाद वे हमें ध्यान में गहरे और ज्यादा गहरे ले जाते हैं। मुझे लगता है कि ओशो अपनी पेंटिंग को अंतिम रूप से संवार रहे हैं।

अप्रैल 1989 में ओशो फिर से बोलना बंद कर देते हैं। वे बीस मिनट के लिए बुद्धा हॉल में हमारे साथ मौन बैठने के लिए आते हैं। वे बहुत ही नाजुक लगने लगे हैं, लेकिन अभी भी आते समय तथा वापस जाते समय हर दिशा में घूमकर दोनों हाथ जोड़कर वे सबको नमस्कार करते हैं। कई बार मुझे लगता है कि उनकी टांगें कांप रही हैं और मेरा हृदय चिल्लाना चाहता है, 'कृपया ओशो, इस सब की जरूरत नहीं है। अपने शरीर को इतनी तकलीफ न दें।' लेकिन वे कभी नहीं रुकते। वे आगे बढ़ते चले जाते हैं। हर रोज बाहर आते हैं और अपने तरीके से जो उन्हें करना है, वे करते हैं।

99

नौं दिसंबर 1989 को निर्वाणो की मृत्यु की खबर सुनकर मैं स्तब्ध रह जाती हूं। मुझे याद आता है कि एक पुराने प्रवचन में मैंने उन्हें यह कहते सुना था कि 'जब सद्‌गुरु देह त्याग करता है तो वे लोग जो उसके साथ गहरे जुड़े होते हैं, वे जीवित नहीं रहते,' और ऐसे लोगों में उन्होंने निर्वाणों का नाम लिया था। मुझे लगता है कहीं निर्वाणों की मृत्यु ने ओशो के शरीर को तो किसी तरह प्रभावित नहीं किया।

11 दिसंबर 1989 को ओशो के जन्मदिन पर मैं बहुत उदास हूं और उन्हें फूल भी नहीं भिजवाती। शाम दर्शन के समय जब ओशो सब ओर घूमकर सबको दोनों हाथ जोड़ नमस्कार

कर रहे हैं तो मेरा हृदय पीड़ा से भरा हुआ है। जब वे मेरी ओर देखते हैं तो उनके जन्मदिन के उपहार स्वरूप मेरी आंखों से आंसू झर पड़ते हैं। सत्संग के दौरान मुझे महसूस होता है कि ओशो अपनी ऊर्जा समेट रहे हैं और हमें छोड़कर जाने की तैयारी कर रहे हैं। मेरा मन मेरे भावों को पीछे धकेलकर कहता है, 'नहीं, नहीं। वे हमें इतनी जल्दी छोड़कर नहीं जाएंगे।'

एक शाम ओशो के डॉक्टर बुद्धा हॉल में यह घोषणा करते हैं कि सत्संग के समय कोई व्यक्ति मंत्रों का जाप करके ओशो की ओर नकारात्मक ऊर्जा फेंक रहा है, जो कि उनके नाभि-केन्द्र पर चोट पहुंचा रही है। वह उस व्यक्ति से इस क्रिया को बंद करने की विनती करते हैं। कुछ दिन बाद यह घोषणा फिर से दोहराई जाती है कि कोई व्यक्ति काले जादू का प्रयोग करके, जानबूझकर ओशो को नुकसान पहुंचाने की कोशिश कर रहा है। ओशो का संदेश है कि वे यह ऊर्जा उस व्यक्ति पर वापस फेंक सकते हैं, लेकिन ऐसा करना उनका ढंग नहीं है। उनकी अपार करुणा उन्हें ऐसा नहीं करने देगी।

ओशो का शरीर चूंकि हमारे लिए सबसे बहुमूल्य है, हम ओशो के संन्यासी उस व्यक्ति को ढूंढ निकालने की कोशिश करते हैं। कुछ दिन तक बैठने की व्यवस्था को बदल-बदल कर देखा जाता है, लेकिन सब निष्फल हो जाता है। मंत्र जाप जारी रहता है और इस सबके बावजूद ओशो बुद्धा हॉल में बराबर आते रहते हैं।

एक शाम मैं पाती हूं कि मेरी नियत जगह पर कोई और बैठा हुआ है। मैं उस व्यक्ति से इस विषय में पूछती हूं तो वह बताता है कि आज बैठने की व्यवस्था अलग ढंग से है। सभी भारतीयों को एक ओर बैठना है और मैं अपनी जगह चुन सकती हूं। वह यह भी बताता है कि आज सत्संग के समय हमें अपनी आंखें खुली रखनी है। इस सबके बारे में पता लगाने का पर्याप्त समय नहीं है। मैं चौथी पंक्ति में ओशो के दाहिनी तरफ लगभग 45 डिग्री के कोण पर अपनी जगह बनाकर बैठ जाती हूं।

ओशो बुद्धा हॉल के पोडियम पर प्रवेश करते हैं। संगीत चल रहा है और उनका चेहरा अत्यंत पारदर्शी व प्रकाशमय लग रहा है। सबको धीरे-धीरे हाथ जोड़कर नमस्कार कर वे अपनी कुर्सी पर बैठ जाते हैं और अपनी आंखें बंद कर लेते हैं। मैं पूरी आंखें खोलकर उन्हें अपलक निहार रही हूं। उनका चेहरा प्रकाशपूर्ण आभा बिखेर रहा है। कुछ मिनट बाद संगीत रुकता है और चारों ओर गहन शांति छा जाती है। ओशो धीरे से अपनी आंखें खोलते हैं और अपनी दृष्टि घुमाते हुए अपने संभाव्य बुद्धों को ध्यानमग्न देखते हैं। जब वे अपना चेहरा मेरी ओर करते हैं तो एक क्षण में ही मेरी खुली आंखें उनकी आंखों से जुड़ जाती है। मैं बिल्कुल जम-सी जाती हूं। भय की एक लहर मेरे शरीर में सिहरन पैदा कर देती है और मेरा शरीर कांपने लगता है। ओशो निरन्तर मेरी आंखों में देखते रहते हैं। मेरा मन बिल्कुल शून्य हो जाता

है और बस एक यही होश बना रहता है कि वे मेरी आंखों में देख रहे हैं। मैं यह नहीं कह सकती कि यह कितनी देर तक चलता रहा, शायद दो मिनट, लेकिन ऐसे लगा जैसे अनंतकाल हो। मेरी आंखें अपने आप ही बंद हो जाती है और मैं अपने भीतर गहरे मौन में डूबती जाती हूं। जब मैं अपनी आंखें खोलती हूं तो ओशो पोडियम से जा चुके हैं और बुद्धा हॉल करीब-करीब खाली है। मैं अब और नहीं सोच सकती। किसी तरह उठकर मैं अपने शरीर को अपने कमरे तक घसीटकर ले जाती हूं और बिस्तर पर लेट जाती हूं। मैं कुछ समझ नहीं पाती कि आखिर हुआ क्या है?

मैं एक ऐसे छोटे बच्चे की तरह रोने लगती हूं जिसका सब कुछ खो गया हो और जो कहीं बिल्कुल अकेला छूट गया हो। मैं रोते-रोते ही सो जाती हूं।

सुबह मैं बहुत तरोताजा और निर्भार होकर जागती हूं। मैं अपनी चाय तैयार करती हूं और आंखें बंद करके जब धीरे-धीरे चाय पीने लगती हूं तो मुझे बोध होता है कि मेरे गर्भ में शून्य जन्मा है, जिसका मुझे पूरा ख्याल रखना है।

100

17 जनवरी 1990 को मैं बंबई रजिस्ट्रार के ऑफिस में कुछ कागजात पर हस्ताक्षर करने के लिए जाती हूं। किसी कारणवश कागजात अभी तैयार नहीं हैं और मुझे 20 जनवरी का समय मिलता है। मैं 18 जनवरी की सुबह ही पूना लौटने का तय कर लेती हूं।

17 जनवरी की शाम को मैं एक ध्यान केन्द्र पर अपने मित्रों से मिलने के लिए जाती हूं। जब मैं उन्हें बताती हूं कि मुझे 20 जनवरी को वापस आना है तो वे सलाह देते हैं कि दो दिन के लिए मैं पूना न जाऊं और उन्हीं के पास ठहर जाऊं। मैं उनके प्रस्ताव को यह कहकर अस्वीकृत कर देती हूं कि, 'अब ओशो का शरीर भरोसे योग्य नहीं है। वे किसी भी क्षण अपना शरीर छोड़ सकते हैं। मैं दो दिन के लिए भी दूर रहना नहीं चाहती।'

18 जनवरी की सुबह मैं पूना की फ्लाइट पकड़ने के लिए बंबई एयरपोर्ट जाती हूं। वहां कुछ और संन्यासी भी हैं, जो पश्चिम से आए हैं। वे ओशो के स्वास्थ्य के विषय में पूछते हैं तो मैं उन्हें कहती हूं, 'उनका स्वास्थ्य काफी अच्छा है और हर शाम वे सत्संग के लिए बुद्धा हॉल में आ रहे हैं।' वे यह सुनकर खुश हो जाते हैं और साथ ही इस बात से उत्तेजित हैं कि आज ही शाम वे उन्हें देख सकेंगे।

जब हम पूना पहुंचते हैं तो हमें पता चलता है कि 17 जनवरी को ओशो सिर्फ बुद्धा हॉल में आए और सबको नमस्कार कर चले गए। वे सत्संग के लिए नहीं रुके और बहुत कमजोर लग रहे थे। 18 जनवरी की शाम वे अपने कमरे से बाहर नहीं आते और यह संदेश भेजते हैं कि अपने कमरे में बैठकर ही वे हमारे साथ ध्यान करेंगे।

19 जनवरी 1990 को कम्यून का सारा काम हमेशा की तरह चल रहा है। बुद्धा हॉल में ओशो की शारीरिक अनुपस्थिति अब कोई नई बात नहीं है। पिछले वर्ष के दौरान उन्होंने हमें इसके लिए तैयार कर दिया है।

करीब 5:30 बजे मा नीलम रोती हुई माताजी के कमरे में यह समाचार देने के लिए आती हैं कि ओशो ने अपना शरीर छोड़ दिया है। कुछ मिनटों तक तो मैं सूनी आंखों से नीलम की ओर ही देखती रह जाती हूं और समझ में नहीं आ रहा कि वह कह क्या रही है? नीलम आंसुओं में डूबी हुई है। जब मैं उनसे गले मिलती हूं तो मुझे बोध होता है कि वास्तव में क्या हुआ है। श्वेत हंस विशाल आकाश में उड़ गया है और पीछे कोई पदचिन्ह भी नहीं छोड़े हैं।

ओशो की इच्छा के अनुरूप, उसी संध्या-सभा में उनका शरीर गौतम दि बुद्धा ऑडिटोरियम में दस मिनट के लिए लाकर रखा जाता है। दस हजार शिष्य और प्रेमीजन उनकी आखिरी विदाई का उत्सव संगीत-नृत्य, भावातिरेक और मौन में मनाते हैं। फिर उनका शरीर दाहक्रिया के लिए ले जाते हैं। एक वृहत् ऊर्जा फैल रही है और जो लोग उनके प्रेम में हैं, वे इस अनूठी, ऊर्जा की तरंग पर सवार होकर उत्सव मना रहे हैं।

घाट पर ठीक सामने खड़ी मैं अपने प्यारे सद्‌गुरु के शरीर को अग्नि में विलीन होते देख रही हूं। इक्कीस जनवरी 1990 की पूर्वाह्न में उनके अस्थि-फूल का कलश महोत्सवपूर्क कम्यून में लाया गया है। कम्यून के मुख्य द्वार से लाओत्सू हाऊस तक जाती हुई सड़क के दोनों किनारे नाचते-गाते उन के प्रेमी हाथ में फूल लिए कतार बद्ध खड़े हैं। मेरे आंसू थमते नहीं थमते। अपने प्यारे सद्‌गुरु को फूल भेंटकर मैं एक कोने में आंखें बंद कर बैठ जाती हूं। जैसे ही मेरा मन शांत होता है, अचानक अनुभव करती हूं कि ओशो मुझे शून्य की तरह चारों ओर से घेरे हुए हैं। आश्चर्य! उन की उपस्थिति पहले से भी सघन अनुभव हो रही है। ओशो के आखिरी दिए हुए संदेश याद आते हैं। उन्होंने कहा है कि, 'मेरे देह छोड़ने के बाद मेरे लोग मेरी उपस्थिति और भी सघन रूप से अनुभव करेंगे।'

21 जनवरी 1990 के पूर्वाह्न में उन के अस्थिफूल का कलश महोत्सवपूर्वक कम्यून में लाकर च्वांग्त्सू हाल में निर्मित संगमरमर के समाधिभवन में स्थापित किया जाता है।

ओशो की समाधि पर स्वर्ण अक्षरों में अंकित है :

OSHO

Never Born

Never Died

Only Visited this

Planet Earth Between

Dec. 11-1931 - Jan. 19-1990

ओशो - एक परिचय

बुद्धत्व की प्रवाहमान धारा में ओशो एक नया प्रारंभ है। वे अतीत की किसी भी धार्मिक परंपरा या श्रृंखला की कड़ी नहीं हैं। ओशो से एक नये युग का शुभारंभ होता है और उनके साथ ही समय दो सुस्पष्ट खंडों में विभाजित होता है : ओशो पूर्व तथा ओशो पश्चात।

ओशो के आगमन से एक नये मनुष्य का, एक नये जगत का, एक नये युग का सूत्रपात हुआ है, जिसकी आधारशिला अतीत के किसी धर्म में नहीं है, किसी दार्शनिक विचार-पद्धति में नहीं है। ओशो सद्यःस्नात धार्मिकता के प्रथम पुरुष हैं, सर्वथा अनूठे संबुद्ध रहस्यदर्शी हैं।

मध्य प्रदेश के कुचवाड़ा गांव में 11 दिसंबर 1931 को जन्मे ओशो का बचपन का नाम रजनीश चन्द्रमोहन था। उन्होंने जीवन के प्रारंभिक काल में ही एक निर्भिक स्वतंत्र आत्मा का परिचय दिया। खतरों से खेलना उन्हें प्रीतिकर था। 100 फीट ऊंचे पुल से कूद कर बरसात में उफनती नदी को तैरकर पार करना उनके लिए साधारण खेल था। युवा ओशो ने अपनी अलौकिक बुद्धि तथा दृढ़ता से पंडित-पुरोहितों, मुल्ला-पादरियों, संत-महात्माओं जो स्वानुभव के बिना ही भीड़ के अगुवा बने बैठे थे- की मूढ़ताओं और पाखंडों का पर्दाफाश किया।

21 मार्च 1953 को इक्कीस वर्ष की आयु में ओशो संबोधि (परम जागरण) को उपलब्ध हुए। संबोधि के संबंध में वे कहते हैं, 'अब मैं किसी भी प्रकार की खोज में नहीं हूं। अस्तित्व ने अपने समस्त द्वार मेरे लिए खोल दिये हैं।' उन दिनों वे जबलपुर के एक कॉलेज में दर्शनशास्त्र के विद्यार्थी थे। संबोधि घटित होने के पश्चात भी उन्होंने अपनी शिक्षा जारी रखी और सन 1957 में सागर विश्वविद्यालय से दर्शनशास्त्र में प्रथम श्रेणी में प्रथम (गोल्डमेडलिस्ट) रह कर एम.ए. की उपाधि प्राप्त की। इसके पश्चात वे जबलपुर विश्वविद्यालय में दर्शनशास्त्र के प्राध्यापक पद पर कार्य करने लगे। विद्यार्थियों के बीच में 'आचार्य रजनीश' के नाम से अतिशय लोकप्रिय थे।

विश्वविद्यालय के अपने नौ सालों के अध्यापन काल के दौरान वे पूरे भारत में भ्रमण भी करते रहे। प्रायः ही 60-70 हजार की संख्या में श्रोता उनकी सभाओं में उपस्थित होते। वे आध्यात्मिक जन-जागरण की एक लहर फैला रहे थे। उनकी वाणी में और उनकी उपस्थिति में वह जादू था, वह सुगंध थी जो किसी पार के लोक से आती है।

सन 1966 में ओशो ने विश्वविद्यालय के प्राध्यापक पद से त्यागपत्र दे दिया ताकि

अस्तित्व ने जिस परम भगवत का खजाना उन पर लुटाया है उसे वे पूरी मानवता के प्रति बांट सकें और एक नये मनुष्य को जन्म देने की प्रक्रिया में समग्रतः लग सकें।

ओशो का यह नया मनुष्य 'जोरबा दि बुद्धा' एक ऐसा मनुष्य है जो जोरबा की भांति भौतिक जीवन का पूरा आनंद मानता है और जो गौतम बुद्ध की भांति मौन होकर ध्यान में उतरने में भी सक्षम है। ऐसा मनुष्य जो भौतिक और आध्यात्मिक, दोनों तरह से समृद्ध है। 'जोरबा दि बुद्धा' एक समग्र व अविभाजित मनुष्य है। इस नये मनुष्य के बिना पृथ्वी का कोई भविष्य शेष नहीं है।

सन 1970 में ओशो बंबई में रहने के लिए आ गये। अब पश्चिम से सत्य के खोजी भी जो अकेली भौतिक समृद्धि से ऊब चुके थे और जीवन के किन्हीं और गहरे रहस्यों को जानने और समझने के लिए उत्सुक थे, उन तक पहुंचने लगे। ओशो ने उन्हें बताया कि अगला कदम ध्यान है। ध्यान ही जीवन में सार्थकता के फूलों के खिलने में सहयोगी सिद्ध होगा।

इसी वर्ष सितंबर में, मनाली (हिमालय) में आयोजित अपने एक शिविर में ओशो ने नव-संन्यास में दीक्षा देना प्रारंभ किया। इसी समय के आसपास वे आचार्य रजनीश से भगवान श्री रजनीश के रूप में जाने जाने लगे।

सन 1974 में वे अपने बहुत से संन्यासियों के साथ पूना आ गये जहां 'श्री रजनीश आश्रम' की स्थापना हुई। पूना आने के बाद उनके प्रभाव का दायरा विश्वव्यापी होने लगा।

श्री रजनीश आश्रम पूना में प्रतिदिन अपने प्रवचनों में ओशो ने मानव चेतना के विकास के हर पहलू को उजागर किया। बुद्ध, महावीर, कृष्ण, शिव, शांडिल्य, नारद, जीसस के साथ ही साथ भारतीय अध्यात्म आकाश के अनेक नक्षत्रों आदिशंकराचार्य, गोरख, कबीर, नानक, मलूकदास, रैदास, दरियादास, मीरा आदि पर उनके हजारों प्रवचन उपलब्ध हैं। जीवन का ऐसा कोई भी आयाम नहीं है जो उनके प्रवचनों से अस्पर्शित रहा हो। योग, तंत्र, ताओ, झेन, हसीद, सूफी जैसी विभिन्न साधना-परंपराओं के गूढ़ रहस्यों पर उन्होंने सविस्तार प्रकाश डाला है। साथ ही राजनीति, कला, विज्ञान, मनोविज्ञान, दर्शन, शिक्षा, परिवार, समाज, गरीबी, जनसंख्या-विस्फोट, पर्यावरण तथा संभावित परमाणु युद्ध के व उससे भी बढ़कर एड्स महामारी के विश्व संकट जैसे अनेक विष्यों पर भी उनकी क्रांतिकारी जीवन दृष्टि उपलब्ध है।

शिष्यों और साधकों के बीच दिए गए उनके ये प्रवचन छह सौ पचास से अधिक पुस्तकों के रूप में प्रकाशित हो चुके हैं और तीस से अधिक भाषाओं में अनुवादित हो चुके हैं। वे कहते हैं, 'मेरा संदेश कोई सिद्धांत, कोई चिंतन नहीं है। मेरा संदेश तो रूपांतरण की एक कीमिया, एक विज्ञान है।'

ओशो अपने आवास से दिन में केवल दो बार बाहर आते, प्रातः प्रवचन देने के लिए और

संध्या समय सत्य की यात्रा पर निकले हुए साधकों को मार्गदर्शन एवं नये प्रेमियों को संन्यास-दीक्षा देने के लिए।

सन 1980 में कट्टरपंथी हिंदू समुदाय के एक सदस्य द्वारा उनकी हत्या का प्रयास भी उनके एक प्रवचन के दौरान किया गया।

अचानक शारीरिक रूप से बीमार हो जाने से 1981 की वसंत ऋतु में वे मौन में चले गये। चिकित्सकों के परामर्श पर उसी वर्ष जून में उन्हें अमरीका ले जाया गया। उनके अमरीकी शिष्यों ने ओरेगॅन राज्य के मध्य भाग में 64,000 एकड़ जमीन खरीदी थी जहां उन्होंने ओशो को रहने के लिए आमंत्रित किया। धीरे-धीरे यह अर्ध-रेगिस्तानी जगह एक फूलते-फलते कम्यून में परिवर्तित होती गई। वहां लगभग 5,000 प्रेमी मित्र मिल-जुलकर अपने सद्गुरु के सान्निध्य में आनंद और उत्सव के वातावरण में एक अनूठे नगर के सृजन को यथार्थ रूप दे रहे थे। शीघ्र ही यह नगर रजनीशपुरम नाम से संयुक्त राज्य अमरीका का एक निगमीकृत (इन्कापेरिटेड) शहर बन गया। किंतु कट्टरपंथी ईसाई धर्माधीशों के दबाव में व राजनीतिज्ञों के निहित स्वार्थवश प्रारंभ से ही कम्यून के इस प्रयोग को नष्ट करने के लिए अमरीका की संघीय, राज्य और स्थानीय सरकारें हर संभव प्रयास कर रही थीं।

जैसे अचानक एक दिन ओशो मौन हो गये थे वैसे ही अचानक अक्तूबर 1984 में उन्होंने पुनः प्रवचन देना प्रारंभ कर दिया। जीवन-सत्यों के इतने स्पष्टवादी मुखर विवेचनों से निहित स्वार्थों की जड़ें और भी चरमराने लगीं।

अक्तूबर 1985 में अमरीकी सरकार ने ओशो पर आप्रवास-नियमों के उल्लंघन के 35 मनगढ़ंत आरोप लगाए। बिना किसी गिरफ्तारी-वारंट के ओशो को बंदूकों की नोक पर हिरासत में ले लिया गया। 12 दिनों तक उनकी जमानत स्वीकार नहीं की गयी और उनके हाथ-पैर में हथकड़ी व बेड़ियां डालकर उन्हें एक जेल से दूसरी जेल में घुमाते हुए पोर्टलैंड (आरोगॅन) ले जाया गया। इस प्रकार जो यात्रा कुल पांच घंटे की है वह आठ दिन में पूरी की गयी। जेल में उनके शरीर के साथ बहुत दुर्व्यवहार किया गया और यहीं संघीय सरकार के अधिकारियों ने उन्हें 'थेलियम' नामक धीमे असरवाला जहर दिया।

14 नवंबर 1985 को अमरीका छोड़ कर ओशो भारत लौट आये। यहां की तत्कालीन सरकार ने भी उन्हें समूचे विश्व से अलग-थलग कर देने का पूरा प्रयास किया। तब ओशो नेपाल चले गये। नेपाल में भी उन्हें अधिक समय तक रुकने की अनुमति नहीं दी गयी।

फरवरी 1986 में बंबई और जनवरी 1987 में पूना के अपने आश्रम में लौट आए, जो अब ओशो कम्यून इंटरनेशनल के नाम से जाना जाता है। यहां वे पुनः अपनी क्रांतिकारी शैली में अपने प्रवचनों से पंडित-पुरोहितों और राजनेताओं के पाखंडों व मानवता के प्रति उनके

षड्यंत्रों का पर्दाफाश करने लगे।

इसी बीच भारत सहित सारी दुनिया के बुद्धिजीवी वर्ग व समाचार माध्यमों ने ओशो के प्रति गैर- पक्षपातपूर्ण व विधायक चिंतन का रुख अपनाया। छोटे-बड़े सभी प्रकार के समाचार पत्रों व पत्रिकाओं में अक्सर उनके अमृत-वचन अथवा उनके संबंध में लेख व समाचार प्रकाशित होने लगे। देश के अधिकांश प्रतिष्ठित संगीतज्ञ, नर्तक, साहित्यकार, कवि व शायर ओशो कम्यून इंटरनेशनल में अक्सर आने लगे। मनुष्य की चिर-आकांक्षित उटोपिया का सपना साकार देखकर उन्हें अपनी ही आंखों पर विश्वास न होता।

26 दिसंबर 1988 को ओशो ने अपने नाम के आगे से 'भगवान' संबोधन हटा दिया। 27 फरवरी 1989 को ओशो कम्यून इंटरनेशनल के बुद्ध सभागार में सांध्य-प्रवचन के समय उनके 10,000 शिष्यों व प्रेमियों ने एकमत से अपने प्यारे सद्‌गुरु को 'ओशा' नाम से पुकारने का निर्णय लिया।

अक्तूबर 1985 में जेल में अमरीका की रीगन सरकार द्वारा ओशो को थेलियम नामक धीमा असर करने वाला जहर दिये जाने एवं उनके शरीर को प्राणघातक रेडिएशन से गुजारे जाने के कारण उनका शरीर तब से निरंतर अस्वस्थ रहने लगा था और भीतर से क्षीण होता चला गया। इसके बावजूद वे ओशो कम्यून इंटरनेशनल, पूना के गौतम दि बुद्धा ऑडिटोरियम में 10 अप्रैल 1989 तक प्रतिदिन संध्या दस हजार शिष्यों, खोजियों और प्रेमियों की सभा में प्रवचन देते रहे और उन्हें ध्यान में डुबाते रहे। इसके बाद के अगले कई महीने उनका शारीरिक कष्ट बढ़ गया।

17 सितंबर 1989 से पुनः गौतम दि बुद्धा ऑडिटोरियम में हर शाम केवल आधे घंटे के लिए आकर ओशो मौन दर्शन-सत्संग के संगीत और मौन में सबको डूबाते रहे। इस बैठक को उन्होंने 'ओशो व्हाइट रोब ब्रदरहुड' नाम दिया। ओशो 16 जनवरी 1990 तक प्रतिदिन संध्या सात बजे `ओशो व्हाइट रोब ब्रदरहुड' की सभा में आधे घंटे के लिये उपस्थित होते रहे।

17 जनवरी को वे सभा में केवल नमस्कार करके वापस चले गए। 18 जनवरी को 'ओशो व्हाइट रोब ब्रदरहुड' की सांध्य सभा में उनके निजी चिकित्सक स्वामी प्रेम अमृतो ने सूचना दी कि ओशो के शरीर का दर्द इतना बढ़ गया है कि वे हमारे बीच नहीं आ सकते, लेकिन वे अपने कमरे में ही सात बजे से हमारे साथ ध्यान मैं बैठेंगे। दूसरे दिन 19 जनवरी, 1990 को अपराह्न पांच बजे ओशो शरीर छोड़कर महाप्रयाण कर गये। इसकी घोषणा सांध्य सभा में की गयी। ओशो की इच्छा के अनुरूप, उसी सांध्य सभा में उनका शरीर गौतम दि बुद्धा ऑडिटोरियम में दस मिनट के लिए ला कर रखा गया। दस हजार शिष्यों और प्रेमियों ने उनकी आखिरी विदाई का उत्सव संगीत-नृत्य, भावातिरेक और मौन में मनाया। फिर उनका शरीर

दाहक्रिया के लिए ले जाया गया।

21 जनवरी 1990 के पूर्वाह्न में उनके अस्थि-फूल का कलश महोत्सवपूर्क कम्यून में लाकर च्वांग्त्सू हॉल में निर्मित संगमरमर के समाधि भवन में स्थापित किया गया।

ओशो की समाधि पर स्वर्ण अक्षरों में अंकित है :

OSHO

Never Born

Never Died

Only Visited this

Planet Earth Between

Dec. 11-1931 - Jan. 19-1990

ध्यान और सृजन का यह अनूठा नव-संन्यास उपवन, ओशो कम्यून, ओशो की विदेह उपस्थिति में आज पूरी दुनिया के लिए एक ऐसा प्रबल चुम्बकीय आकर्षण केन्द्र बन गया है कि यहां निरंतर नए-नए लोग आत्म-रूपांतरण के लिए आ रहे हैं तथा ओशो की सघन-जीवंत उपस्थिति में अवगाहन कर रहे हैं।

पुस्तक समीक्षा

एक ओंकार सतनाम

एक ओंकार सतनाम, नानक वाणी पर ओशो की यह प्रवचनमाला एक अनूठी पुस्तक है। ओशो ने गुरु नानक देव जी के उपदेशों को जो आज के हिंसा के माहौल में भुला दिये गए हैं, उन्हें पुनजीर्वित करके हमारे देश और समूची मानवता के सामने रखा है।

गुरु नानक के ये उपदेश केवल पूजा पाठ तथा अन्य धार्मिक अनुष्ठानों के लिए ही नहीं हैं। ये तो जीवन को रूपांतरित करके ध्यान, प्रेम, अहिंसा और शांति के पथ पर चलने के लिए हैं।

आज पंजाब ही नहीं भारत और पूरा विश्व ही गुरु नानक की शिक्षा को भुला बैठा है। जगह-जगह पर होने वाले साम्प्रदायिक दंगें, जगह-जगह भड़क उठने वाली हिंसा, राजनैतिक शक्तियों का आपस में टकराव जिसके परिणाम स्वरूप होने वाला नरसंहार इस बात की ओर स्पष्ट संकेत करता है कि आज के मानव के लिए गुरु नानक की अहिंसा, सद्भावना और प्रेम की शिक्षा कितनी आवश्यक है।

ओशो ने सरल और सुबोध भाषा में गुरु नानक की वाणी जपुजी साहब की इतनी स्टीक व्याख्या प्रस्तुत करके आज की पीड़ित मानवता को सुख, शांति, अहिंसा, प्रेम और आपसी भाई चारे की नयी राह दिखाई है।

□ एक ओंकार सतनाम, लेखक-ओशो, प्रकाशक-डायमंड पाकेट बुक्स (प्रा.) लि. नयी दिल्ली, पृष्ठ 439,

पुस्तक समीक्षा

मैं मृत्यु सिखाता हूं

केवल जीवन की पूजा करने वाले, सुख सुविधाओं की कामना करने वाले मृत्यु को जीवन का दुश्मन समझकर उसके विरोध में बोलते हैं ओर यथा संभव मौत को अपने से दूर रखने की कोशिश करते हैं। लेकिन ओशो कहते हैं—"मैं मृत्यु सिखाता हूं, लेकिन इसका मतलब यह नहीं कि मैं जीवन का विरोधी हूं।" ओशो के लिए जीवन और मृत्यु एक ही सिक्के के दो पहलू हैं, एक ही तराजू के दो पलड़े हैं। मृत्यु के भय से त्रस्त लोगों के भाग कर जीवन के पलड़े में ही घुसने और उसी में सवार रहने की कोशिश करना अपने जीवन का लक्ष्य बना लिया है, जिसमें जीवन का पलड़ा भारी हो गया और सन्तुलन बिगड़ गया।

मृत्यु से बचने के लिए मनुष्य ने क्या-क्या अपराध नहीं किये। स्वयं को जीदित रखने के लिए ही तानाशाहों ने हजारों लाखों लोगों को मौत के घाट उतार दिया, लाखों को अमानवीय यातनाएं दीं, लेकिन अपने आपको मौत से वे फिर भी न बचा सके।

मृत्यु के यदि इसी रहस्य को मनुष्य समझ ले तो जीवन आसान सहज हो जाए। जीवन के मोह से यदि चिपकना कम हो जाए तो अपराध भी कम हों। यदि आप मृत्यु का रहस्य जान लें तो आप भी उसी अवस्था में होंगे जहां सिद्ध लोग होते हैं। इसलिए जब ओशो कहते हैं कि मैं मृत्यु सिखाता हूं तो मैं समझता हूं कि यही सच्चा जीवन-दर्शन है। यदि जीवन को सहज, आनंद, मुक्ति और प्रेम के साथ जीना है तो उसके लिए मृत्यु के रहस्य को जानना आवश्यक है। यह पुस्तक आपको जीवन और मृत्यु का रहस्य सिखाने के लिए ओशो की एक अनुपम रचना है।

□ मैं मृत्यु सिखाता हूं। लेखक-ओशो। प्रकाशक-डायमंड पाकेट बुक्स (प्रा.) लि. नयी दिल्ली, पृष्ठ 343,

ओशो
बुलाते हैं फिर तुम्हें
पतंजलि
योग सूत्र
(भाग 1 से 5)
200 हिन्दी व 70 अंग्रेजी पुस्तकें डायमंड में प्रकाशित
अब रिबेल बुक्स, पूना के सभी प्रकाशन भी हमारे यहां उपलब्ध
ओशो
श्रेष्ठ कौन
जीवन मृत्यु
भय मुक्त जीवन
एकमात्र समस्या
अहिंसा
तृष्णा
युवक और यौन
प्रेम और विवाह
प्रेम का अर्थ
उत्तरदायित्व
शरीर मन संतुलन
श्रेष्ठ कौन
मेडिशन और मेडिटेशन
जीवन मृत्यु
डायमंड बुक्स
X-30, ओखला इंडस्ट्रियल एरिया, फेज-2, नई दिल्ली-110020
फोन नं. 41611861-66, 40712100, फेक्स: 011-41611866,
ईमेल : Sales@dpb.in, Website: www.dpb.in

ओशो का आध्यात्मिक चिन्तन

अष्टावक्र महागीता भाग (1-9)

- ❑ मुक्ति की आकांक्षा भाग-1 ....
- ❑ दुख का मूल भाग-2 ....
- ❑ जो है जो है भाग-3 ....
- ❑ सहजता में तृप्ति भाग-4 ....
- ❑ सन्नाटे की साधना भाग-5 ....
- ❑ न संसार न मुक्ति भाग-6 ....
- ❑ समर्पित स्वतंत्रता भाग-7 ....
- ❑ सुख स्वभाव भाग-8 ....
- ❑ अनुमान नहीं, अनुभव भाग-9 .....
- ❑ संभोग से समाधि की ओर (संपूर्ण संस्करण)
- ❑ साक्षी कृष्ण योग विज्ञान ....
- ❑ कृष्णः जिज्ञासा, खोज, उपलब्धि ...
- ❑ कृष्ण साधना सहित सिद्धि ....
- ❑ कृष्ण और हंसता हुआ धर्म ....
- ❑ कृष्ण गुरु भी सखा भी ....
- ❑ शिव साधना ....
- ❑ शिव दर्शन ....
- ❑ मिट्टी के दीये (बोध कथा) ....
- ❑ अमृत की दिशा ....
- ❑ शून्य का दर्शन ....
- ❑ प्रार्थना के बीज ....
- ❑ नये समाज की खोज ....
- ❑ कुंडलिनी यात्रा ....
- ❑ कुंडलिनी और तंत्र ....
- ❑ कुंडलिनी जागरण और शक्तिपात .
- ❑ कुंडलिनी और सात शरीर ....
- ❑ अनहद बाजे बांसुरी ....
- ❑ नयी क्रांति की रूपरेखा ....
- ❑ एक एक कदम ....
- ❑ भीतर का दीया ....
- ❑ अभिनव धर्म ....
- ❑ मुक्ति बोध ....
- ❑ साधना सूत्र : आत्म का कमल .....
- ❑ साधना सूत्र : हेरत हेरत हे सखी ...
- ❑ शून्य समाधि ....
- ❑ सहैजे रहिबा ....
- ❑ शिक्षा और विद्रोह ....
- ❑ शिक्षा में क्रांति ....
- ❑ शिक्षा और जागरण ....
- ❑ ध्यान : एक शून्य गगन ....
- ❑ उपनिषद शून्य संवाद ....
- ❑ सम्बोधि के क्षण ....
- ❑ राम खुमारी ....
- ❑ करुणा और क्रांति ....
- ❑ साधना सूत्र : हृदय संगीत ....
- ❑ मैं धार्मिकता सिखाता हूं धर्म नहीं (प्रश्नोत्तर
- ❑ शिक्षा : नये प्रयोग ....

नारद भक्ति सूत्र

- ❑ भक्ति : विराट का अनुभव ....
- ❑ भक्ति : निराकार से एकाकार ....
- ❑ भक्ति : जीवन रूपांतरण की कला .:
- ❑ भक्तिः शून्य की झील में प्रेम का कमल :
- ❑ परम प्रेम रूपा भक्ति ....
- ❑ सहज योगः साक्षी और प्रेम ....
- ❑ सहज योग : ध्यान और प्रेम ....
- ❑ सहज योग : प्रार्थना और आनंद ..

ओशो साहित्य

- ❑ धर्म और राजनीति ....
- ❑ हरि ओउम तत्सत् ....
- ❑ भारत के जलते प्रश्न ....
- ❑ सहज योग : महाक्रांति ....
- ❑ सहज योग : अभी और यहीं ......
- ❑ साधना के आयाम ....
- ❑ स्वर्णिम भारत ....
- ❑ अस्वीकृति में उठा हाथ ....
- ❑ नयी क्रांति की रूपरेखा ....
- ❑ विचार क्रांति ....
- ❑ गांधी पर पुनर्विचार ....
- ❑ ओउम शांतिः शांतिः शांतिः ....
- ❑ ओउम मणि पद्म हूं ....
- ❑ एक महान चुनौती : मनुष्य का स्वर्णिम भविष्य
- ❑ ध्यान दर्शन ....
- ❑ झुक आई बदरिया सावन की ......

ओशो साहित्य

ओशो
संभोग से समाधि की ओर

ओशो
भगति-भजन हरिनाम
(कबीर)

ओशो
गुरु गोविन्द दोऊ खड़े
(कबीर)

ओशो
हीरा पायो गांठ गठियाओ
(कबीर)

ओशो
तेरा साईं तुझ में
(कबीर)

ओशो
बूझे बिरला कोई
(कबीर)

ओशो
शिक्षा - नए प्रयोग

ओशो
मन लागो यार फकीरी में
(कबीर)

ओशो
क्या मेरा क्या तेरा
(कबीर)

ओशो
नहीं जोग नहीं जाप
(कबीर)

ओशो
पाथेय (पत्र संकलन)

ओशो
मौन संगीत

ओशो
अरी, मैं तो नाम के रंग छकी

ओशो
दादू सहजे देखिए
(दादू)

ओशो
जस पनिहार धरे सिर गागर

ओशो
मीरा के प्रभु गिरधर नागर

ओशो
राम नाम रस पीजे
(मीरा)

डायमंड बुक्स
X-30, ओखला इंडस्ट्रियल एरिया, फेज-2, नई दिल्ली-110020
फोन नं. 41611861-66, 40712100,
ईमेल : Sales@dpb.in, Website: www.dpb.in